Guttentag'sche Sammlung
№ 18. Preußischer Gesetze. № 18.
Text-Ausgaben mit Anmerkungen.

Stempelsteuergesetz.

Vom 31. Juli 1895.

**Text-Ausgabe mit Anmerkungen,
ausführlichen Tabellen zur Berechnung der Stempelabgaben
und Sachregister.**

Nebst einem Anhang, enthaltend
das Preußische Erbschaftssteuergesetz
unter Berücksichtigung der Novelle vom 31. Juli 1895.

Von

K. Gaupp,
Geheimer Regierungsrath,
Stempelfiskal a. D.

P. Loeck,
Regierungs-Assessor a. d. Kgl. Prov.-
Steuer-Direktion zu Berlin.

Berlin SW.48.
Wilhelmstraße 119/120.
J. Guttentag, Verlagsbuchhandlung.
1895.

Das vorgeheftete Verzeichniß der Guttentag'schen Sammlung wird geneigter Beachtung empfohlen.

Das deutsche Reichsgesetz
über die

Reichsstempelabgaben

in der Fassung
des Gesetzes vom 27. April 1894
(Reichsstempelgesetz)
mit den
Ausführungsvorschriften des Bundesrath, einem Auszug aus den Motiven, Kommissionsberichten und Reichstagsverhandlungen, sowie den für das neue Gesetz von Bedeutung gebliebenen Verfügungen des Königl. Preuß. Finanz-Ministeriums und Entscheidungen des Reichsgerichts.

Text-Ausgabe mit Anmerkungen, Registern
und einem Anhang, enthaltend
Tabellen zur Berechnung der Reichsstempelabgaben
von

B. Gaupp,
Geheimer Regierungsrath und Stempelfiskal in Berlin.

Sechste Auflage.

Bearbeitet von
P. Lorck,
Reg.-Assessor bei der Kgl. Provinzial-Steuerdirektion zu Berlin.

Taschenformat. Cartonnirt. Preis 3 Mk.

Die obige Ausgabe enthält als die einzige das gesammte bei der Anwendung und Auslegung des Gesetzes in Betracht kommende Material, sämmtliche Reichsgerichtsentscheidungen, sowie die ausführlichsten Tabellen.

Verzeichniß

der

Guttentag'schen Sammlung

Deutscher Reichsgesetze

und

Preußischer Gesetze.

Text-Ausgaben mit Anmerkungen.

Taschenformat.

Deutsche Reichsgesetze grün,
Preußische Gesetze grau cartonnirt.

Berlin SW.48
Wilhelmstraße 119/120
J. Guttentag, Verlagsbuchhandlung.
1895.

Guttentag'sche Sammlung Deutscher Reichsgesetze.

Text-Ausgaben mit Anmerkungen.

27. **Die Gesetzgebung, betr. das Gesundheitswesen** im Deutschen Reich, für Behörden, Aerzte, Apotheker und Gewerbetreibende. Von Dr. jur. **O. Goesch** und Kreisphysikus Dr. med. **J. Karsten.** 1 Mark 60 Pf.

28. **Reichsgesetz, betreffend die Unfallversicherung der bei Bauten beschäftigten Personen.** Vom 11. Juli 1887. Von **Leo Mugdan.** 1 Mark 25 Pf.

29. **Reichsgesetz, betr. die Erwerbs- und Wirthschaftsgenossenschaften.** Vom 1. Mai 1889. Von **Ludolf Parisius.** Sechste verbesserte Auflage. 1 Mark 25 Pf.

30. **Reichsgesetz, betreffend die Invaliditäts- und Altersversicherung.** Vom 22. Juni 1889. Von **E. von Woedtke,** Kais. Geh. Ober-Regierungsrath. Fünfte Auflage. 2 Mark.

31. **Reichsgesetz, betreffend die Gewerbegerichte.** Von **L. Mugdan,** Stadtrath. Dritte Auflage. 1 M. 50 Pf.

32. **Reichsgesetz, betr. die Gesellschaften mit beschränkter Haftung.** Vom 20. April 1892. Von **Ludolf Parisius.** Zweite vermehrte und verbesserte Auflage. 1 Mark.

33. **Das Vereins- und Versammlungsrecht** in Deutschland. Von Dr. **E. Ball,** Rechtsanwalt. 2 Mark 25 Pf.

34. **Reichsgesetz, betr. die Abzahlungsgeschäfte.** Vom 16. Mai 1894. Von **Hoffmann,** Kais. Geh. Regierungsrath. 95 Pf.

35. **Die Reichs-Eisenbahngesetzgebung.** Von **W. Coermann,** Kais. Amtsrichter. 2 Mark 25 Pf.

Zu beziehen durch jede Buchhandlung.

J. Guttentag, Berlin SW.48, Wilhelmstraße 120.

Guttentag'sche Sammlung
№ 18. Preußischer Gesetze. № 18.
Text-Ausgaben mit Anmerkungen.

Stempelsteuergesetz.

Vom 31. Juli 1895.

Text-Ausgabe mit Anmerkungen,
ausführlichen Tabellen zur Berechnung der Stempelabgaben und Sachregister.

Nebst einem Anhang, enthaltend
das Preußische Erbschaftssteuergesetz
unter Berücksichtigung der Novelle vom 31. Juli 1895.

Von

B. Gaupp,
Geheimer Regierungsrath,
Stempelfiskal a. D.

P. Loeck,
Regierungs-Assessor a. d. Kgl. Prov.-Steuer-Direktion zu Berlin.

Berlin SW.48.
Wilhelmstraße 119/120.
J. Guttentag, Verlagsbuchhandlung.
1895.

Vorbemerkung.

Die Bestimmungen des Stempelrechts greifen täglich so tief in das praktische Leben ein, daß eine Kenntniß des geltenden Rechts, ganz abgesehen von Behörden und Beamten für den gesammten Handelsstand, für Gewerbetreibende und Privatpersonen nothwendig erscheint.

Die vorliegende Ausgabe giebt in handlicher Form Gesetz und Tarif mit umfangreichen nach Tarifstellen geordneten Tabellen, die in den meisten Fällen zur Berechnung der Stempelabgabe genügen werden. Die dem Gesetz und dem Tarif beigefügten, zum größten Theil aus den amtlichen Gesetzesmaterialien entnommenen vielfachen Anmerkungen werden die Anwendung der gesetzlichen Bestimmungen erleichtern, wobei für diejenigen, welche im einzelnen Fall ein tieferes Eindringen für angezeigt erachten, durch vergleichende Hinweise ein weiteres Nachschlagen ermöglicht wird. Zur schnellen Orientirung ist ein ausführliches Sachregister angeschlossen. Die später zu erwartenden Ausführungs-Vorschriften des Finanzministers können von den Abnehmern dieser Ausgabe von der Verlagsbuchhandlung nachbezogen werden.

Berlin, im August 1895.

Abkürzungen.

Abs. = Absatz.
A.H. = Verhandlungen des Hauses der Abgeordneten. 18. Legisl. II. Session 1895.
A.L.R. = Allgemeines Landrecht.
Art. = Artikel.
Bd. = Band.
Berg.Ges. = Allgemeines Berggesetz.
C.P.O. = Civil-Prozeß-Ordnung.
d. G. = dieses Gesetzes.
D. G.K.G. = Deutsches Gerichtskostengesetz.
E.G. = Einführungsgesetz.
Eink.St.G. = Einkommensteuergesetz.
Erb.St.G. = Erbschaftssteuergesetz.
E.St.G. = Erbschaftssteuergesetz.
Erg.St.G. = Ergänzungssteuergesetz.
Erl. = Erlaß.
G. = Gesetz.
Ges. = Gesetz.
Gew.O. = Gewerbeordnung.
Gew.St.G. = Gewerbesteuergesetz.
Gpp. = Hoyer-Gaupp, Preußische Stempelgesetzgebung. V. Auflage.
G.S. = Preußische Gesetzsammlung.
H.G.B. = Handelsgesetzbuch
H.H. = Stenographische Berichte über die Verhandlungen des Herrenhauses 1895.
Kab.O. = Kabinetsordre.
Kais. V. = Kaiserliche Verordnung.
K.B. = Bericht der XI. Kommission über den Entwurf eines Stempelsteuergesetzes. — Nr. 35, A. zu Nr. 35 und B. zu Nr. 35 der Drucksachen.
Komm.Abg.G. = Kommunalabgabengesetz.

L.R. = Allgemeines Landrecht.
m. b. H. = mit beschränkter Haftung.
Min. d. J. = Minister des Innern.
Min. f. H. u. G. = Minister für Handel und Gewerbe.
M.Bl. d. i. V. = Preuß. Ministerialblatt für die gesammte innere Verwaltung.
Mot. = Begründung zum Entwurf eines Stempelsteuergesetzes. B. zu Nr. 35 der Drucksachen 18. Legisl. II. Session 1895.
Not.Ges. = Preußisches Notariatsgesetz vom 15. Juli 1890.
Pr. G.K.G. = Preußisches Gerichtskostengesetz.
Reichs.Mil.Ges. = Reichsmilitärgesetz.
R.G.Bl. = Reichsgesetzblatt.
R.G. = Reichsgesetz.
R.G. in C.S. = Entscheidungen des Reichsgerichts in Civilsachen.
R.G. in Str.S. = Entscheidungen des Reichsgerichts in Strafsachen
R.St G. = Reichsstempelgesetz.
R.St.G.B. = Reichsstrafgesetzbuch.
R.Str.P.O. = Reichsstrafprozeßordnung.
S. = Seite.
Schiedsm.O. = Schiedsmannsordnung.
St. = Stempel.
Subh.O. = Subhastationsordnung.
V. = Verordnung.
Vgl. = Vergleiche.
vorl. = vorletzter.
v. T. = vom Tausend.
W St.G. = Wechselstempelsteuergesetz.
z. B. = zum Beispiel.
Zust.Ges. = Zuständigkeitsgesetz.

Inhalts-Verzeichniß.

A. Stempelsteuergesetz.

I. Abschnitt. Von der Pflicht zur Entrichtung der Stempelsteuer.

(№ 9776.)

Stempelsteuergesetz.

Vom 31. Juli 1895.

(Gesetz-Sammlung von 1895, Nr. 33 S. 413—474. Ausgegeben zu Berlin, den 24. August 1895.)

Wir **Wilhelm**, von Gottes Gnaden König von Preußen ꝛc. verordnen, unter Zustimmung beider Häuser des Landtages, für den Umfang der Monarchie, mit Ausschluß der Hohenzollernschen Lande und der Insel Helgoland, was folgt:

I. Abschnitt.

Von der Pflicht zur Entrichtung der Stempelsteuer.

§ 1.

Gegenstand der Stempelsteuer.

Die in dem anliegenden Tarif aufgeführten Urkunden unterliegen den darin bezeichneten Stempelabgaben.

Stempelpflichtig sind Urkunden, welche mit dem Namen oder der Firma des Ausstellers unterzeichnet sind, insoweit nicht dieses Gesetz oder der Tarif entgegenstehende Bestimmungen enthält. Den unterschriftlich vollzogenen Urkunden stehen diejenigen gleich, unter welchen der

Name oder die Firma des Ausstellers in seinem Auftrage unterschrieben oder mit seinem Wissen oder Willen durch Stempelaufdruck, Lithographie oder in irgend einer anderen Art mechanisch hergestellt ist.

Ergiebt sich die Einigung über ein Geschäft aus einem Briefwechsel oder einem Austausch sonstiger schriftlicher Mittheilungen, so wird in der Regel ein Stempel hierfür nicht erhoben. In einem solchen Falle tritt aber die Verpflichtung zur Entrichtung des betreffenden Stempels dann ein, wenn nach der Verkehrssitte über das Geschäft ein förmlicher schriftlicher Vertrag errichtet zu werden pflegt, diese Errichtung indessen nicht stattgefunden hat und von den Betheiligten beabsichtigt ist, durch den Briefwechsel oder den Austausch der sonstigen schriftlichen Mittheilungen die Aufnahme eines solchen Vertrages zu ersetzen.

Die Stempelpflichtigkeit hängt in materieller Hinsicht vom Vorhandensein eines im Stempeltarif bezeichneten Gegenstandes und formell von einer vom Aussteller mit seinem Namen oder seiner Firma unterzeichneten Urkunde ab. Mot. S. 9.

Der Unterschrift des Ausstellers steht die Unterzeichnung mittels gerichtlich oder notariell beglaubigter Handzeichen gleich (§. 381 C.P.O.) Mot. S. 10.

Der Ausdruck der Verkehrssitte ist zwar ein noch schwankender aber doch in den meisten Fällen ein durch Anhörung von Sachverständigen mit genügender Deutlichkeit festzustellender. K.B. S. 94.

Selbstverständlich kann nur diejenige Verkehrssitte gemeint sein, welche die jeweilig herrschende ist. K.B. S. 94.

Es ist also nicht genügend, daß nur einer der Betheiligten die Absicht hat, den förmlichen Vertrag im Wege der Korrespondenz zu ersetzen. A.H. S. 2370.

Vgl. Tarif: Abtretung von Rechten; Pachtverträge — R.G. i. C.S. Bd. 30, S. 407, Bd. 14, S. 97. — R.G. i. Str.S. Bd. 17, S. 34. — Gpp. V, S. 802—806.

§ 2.

Verhältniß des Auslandes zum Inlande.

Der Stempelsteuer unterliegen auch die von Inländern oder von Ausländern im Auslande errichteten Urkunden über Geschäfte, welche im Inlande befindliche Gegenstände betreffen oder welche im Inlande zu erfüllen sind.

Inland im Sinne dieses Gesetzes und des Tarifs ist der Geltungsbereich dieses Gesetzes.

Vgl. Eingang d. G. und §. 16f. d. G. — Gpp. V, S. 30—35, 290 — 292, 1235.

§ 3.

Allgemeine Grundsätze über die Stempelpflichtigkeit.

Die Stempelpflichtigkeit einer Urkunde richtet sich nach ihrem Inhalt.

Für die Stempelpflichtigkeit ist die Hinzufügung von Bedingungen, die Wiederaufhebung und die unterbliebene Ausführung des Geschäfts — vorbehaltlich entgegenstehender Bestimmungen des Gesetzes oder des Tarifs — sowie die Vernichtung der Urkunde ohne Bedeutung.

Urkunden, in denen ein Geschäft nur in der Form der Verdeutlichung oder Begründung einer anderen Erklärung erwähnt wird, sind in Ansehung jenes Geschäfts stempelpflichtig, wenn die Absicht auf die Beurkundung desselben gerichtet gewesen ist.

Es sollen Resolutiv- wie Suspensiv-Bedingungen, überhaupt Bedingungen jeder Art getroffen werden. K.B. S. 97—98, A.H. S. 2372.

Vgl. §. 16, letzter Abs. und §. 25, Abs. 2 d. G. — Tarif: Schenkungen, Verträge, Kaufverträge. — Epp. V, S. 257 ff.

§ 4.

Sachliche Stempelsteuerbefreiungen.

Von der Stempelsteuer sind befreit:

a) Urkunden über Gegenstände, deren Werth nach Geld geschätzt werden kann, wenn dieser Werth einhundertfunfzig Mark nicht übersteigt, insoweit nicht der Tarif entgegenstehende Bestimmungen enthält;

b) Urkunden, welche wegen Bestimmung des Betrages öffentlicher Abgaben und Einziehung derselben und überhaupt wegen Leistungen an den Fiskus des Deutschen Reiches oder des Preußischen Staates in Folge allgemeiner Vorschriften aufgenommen oder beigebracht werden müssen, sofern sie allein zu diesem Zwecke dienen;

c) die auf die Heeresergänzung und die Befreiung von dem Heeresdienste sowie von den Reserve- und Landwehrübungen bezüglichen amtlichen Urkunden;

d) die von der Auseinandersetzungsbehörde und deren Abgeordneten oder im Auftrage und auf Ersuchen derselben von anderen Behörden, wie auch in den vorgesetzten Instanzen gepflogenen Verhandlungen und zwar sowohl über den Hauptgegenstand der Auseinandersetzung, als auch über die damit verbundenen Nebenpunkte, einschließlich aller hierzu gehöriger Urkunden, desgleichen Urkunden, die von anderen Behörden auf Antrag der Parteien ausgestellt werden, sofern sich letztere über die ihnen von der Auseinandersetzungsbehörde oder einem Abgeordneten derselben gemachte Auflage zur Beibringung solcher Urkunden ausweisen;

e) Urkunden wegen Besitzveränderungen, denen sich die Betheiligten aus Gründen des öffentlichen Wohls zu unterwerfen gesetzlich verpflichtet sind (Enteignungen), ohne Unterschied, ob die Besitzveränderung selbst durch Enteignungsbeschluß oder durch freiwillige Veräußerungsgeschäfte bewirkt wird;

f) Abschriften, Auszüge und Bescheinigungen jeder Art aus den bei der Katasterverwaltung geführten bezw. aufbewahrten Karten und sonstigen Schriftstücken;

g) Verfügungen und Verhandlungen der Schiedsmänner, soweit die Stempelpflichtigkeit derselben in der Tarifstelle „Vergleiche" nicht ausdrücklich angeordnet ist (vergleiche auch §. 13 Buchstaben a und §. 15);

h) alle Urkunden über Gegenstände, denen durch frühere Gesetze oder landesherrliche Privilegien Stempelfreiheit bewilligt worden ist.

Die Befreiung zu a findet auch auf diejenigen Vollmachten Anwendung, aus deren Inhalt der Werth des

Gegenstandes nicht ersichtlich ist, sofern nachgewiesen wird, daß der Werth den Betrag von 150 Mark nicht übersteigt.

Der Inhalt der Urkunde ist für die Schätzung des Werthes nicht entscheidend, z. B. bei Vollmachten in Prozessen bis 150 M. A.H. S. 2377.

Die Befreiung unter e ist davon abhängig, daß das Enteignungsrecht entweder gesetzlich einfürallemal gewährt oder im einzelnen Falle thatsächlich bereits verliehen ist. Mot. S. 12, K.B. S. 100.

Vgl. wegen der Stempelfreiheit der Verhandlungen wegen Begründung von Rentengütern, welche durch Vermittelung der Generalkommissionen erfolgen: §§. 1, 12 d. Ges. v. 7. 7. 91, betr. die Beförderung der Errichtung von Rentengütern. — § 40 Schiedsm.-O. v. 29. 3. 79. — Tarifstelle: Auszüge; Pachtverträge — §. 35 Reichmil.-Ges. v. 2. 5. 74 (R.G.Bl. S. 45), Gpp. V, S. 64 ff.

§ 5.

Persönliche Stempelsteuerbefreiungen.

Von der Entrichtung der Stempelsteuer sind befreit:

a) der König, die Königin und die Königlichen Wittwen;

b) der Fiskus des Deutschen Reiches und des Preußischen Staates und alle öffentlichen Anstalten und Kassen, welche für Rechnung des Reiches oder des Preußischen Staates verwaltet werden oder diesen gleichgestellt sind;

c) deutsche Kirchen und andere deutsche Religionsgesellschaften, denen die Rechte juristischer Personen zustehen;

d) öffentliche Armen-, Kranken-, Arbeits- und Besserungsanstalten, ferner öffentliche Waisenhäuser,

vom Staate genehmigte Hospitäler und andere Versorgungsanstalten, ferner vom Staate genehmigte Vereine für die Kleinkinderbewahranstalten sowie Stiftungen, welche als milde ausdrücklich anerkannt sind;

e) öffentliche Schulen und Universitäten;

f) Gemeinden (Gutsbezirke) und Verbände von solchen in Armen-, Schul- und Kirchenangelegenheiten;

g) Aktiengesellschaften, Genossenschaften und Gesellschaften mit beschränkter Haftung, deren durch Statut bestimmter Zweck ausschließlich darauf gerichtet ist, unbemittelten Familien gesunde und zweckmäßig eingerichtete Wohnungen in eigens erbauten oder angekauften Häusern zu billigen Preisen zu verschaffen und deren Statut die an die Gesellschafter zu vertheilende Dividende auf höchstens vier Prozent ihrer Antheile beschränkt, auch den Gesellschaftern für den Fall der Auflösung der Gesellschaft nicht mehr als den Nennwerth ihrer Antheile zusichert, den etwaigen Rest des Gesellschaftsvermögens aber für gemeinnützige Zwecke bestimmt.

Dem Staatsoberhaupte und dem Fiskus anderer Staaten als des Deutschen Reiches und des Preußischen Staates sowie den öffentlichen Anstalten und Kassen, die für Rechnung eines solchen anderen Staates verwaltet werden oder diesen gleichgestellt sind, und den Chefs der bei dem Deutschen Reiche oder bei Preußen beglaubigten

Missionen kann die Stempelsteuerbefreiung gewährt werden, wenn der betreffende Staat Preußen gegenüber die gleiche Rücksicht übt.

In den Fällen zu d bis g erstreckt sich die Stempelsteuerbefreiung nur auf inländische Anstalten, Stiftungen, Vereine u. s. w. Diese Befreiung kann jedoch auch ausländischen Anstalten, Stiftungen, Vereinen u. s. w. gewährt werden, wenn der auswärtige Staat Preußen gegenüber die gleiche Rücksicht übt.

Die außerdem gewissen Personen, Behörden, Gesellschaften, Anstalten, Stiftungen, Vereinen u. s. w. durch frühere Gesetze oder landesherrliche Privilegien bewilligten Steuerbefreiungen bleiben auch fernerhin in Kraft.

Die nach den vorstehenden Bestimmungen von der Stempelsteuer befreiten Personen, Behörden, Gesellschaften, Anstalten, Stiftungen, Vereine u. s. w. sind nicht befugt, diese Befreiung den Privatpersonen, mit welchen sie Verträge eingehen, einzuräumen, wenn diese Personen an sich nach gesetzlicher Vorschrift zur Entrichtung des Stempels verbunden sind.

Bei allen zweiseitigen Verträgen mit solchen Personen muß für den Vertrag die Hälfte des Stempels und für die Nebenausfertigungen außerdem der vorgeschriebene Stempel (§. 9) entrichtet werden.

Bei Verträgen über Lieferungen an den Fiskus des Deutschen Reiches oder des Preußischen Staates und alle öffentlichen Anstalten und Kassen, welche für Rechnung des Reiches oder des Preußischen Staates verwaltet werden oder diesen gleichgestellt sind, hat der Lieferungsübernehmer den vollen Betrag des Stempels zu entrichten.

Zu c. Also auch die Synagogengemeinden. Mot. S. 12.

Zu d. Einer besonderen Anerkennung des öffentlichen Charakters bedarf es nicht, weil die unter der Verwaltung des Staates, der Provinzen, der Kreise, Gemeinden und dergleichen Korporationen stehenden Anstalten als öffentliche allgemein anerkannt sind. Ob einer Stiftung der Charakter einer „milden" zukommt, unterliegt der Beurtheilung der zuständigen Ressortminister, soweit nicht Kabinetsordre verlangt wird. K.B. S. 100.

Von den Privatwaisenhäusern werden die meisten unter den Begriff der milden Stiftung fallen. A.H. S. 2511—12.

Diejenigen Korporationen, welche die Benefizien als milde Stiftungen neu genießen wollen, müssen von dem Finanzminister resp. von dem Staatsministerium als solche anerkannt werden; wo aber nach den betreffenden Landesgesetzen Korporationen oder Stiftungen als „milde" gelten, behält es für diese auch sein Bewenden. H.H. S. 356.

Zu f. Unter Gemeinden sind auch Schulgemeinden zu verstehen. K.B. S. 100.

Vgl. § 16e d. G. — E.St.G. v. $\frac{30.\ 5.\ 73}{19.\ 5\ 91}$ (G.S. S. 72 ff.) Tarif: Befreiungen Buchst. c bis i. — Ges. v. 2. 3. 67, betreffend Sportel- und Stempelfreiheit der gemeinnützigen Aktiengesellschaften (G.S. S. 385). — Hpp. V, S. 80 ff., 971, 1112—1123, 124—126.

§ 6.

Werthermittelung.

Die Ermittelung des Werthes eines Gegenstandes zum Zwecke der Berechnung der Stempelsteuer ist auf den gemeinen Werth desselben zur Zeit der Beurkundung des Geschäfts zu richten.

Ist einem der Vertragschließenden ein Wahlrecht oder die Befugniß eingeräumt, innerhalb bestimmter Grenzen den Umfang der Leistung zu bestimmen, so wird die Stempelsteuer nach dem höchstmöglichen Werthe des Gegenstandes des Geschäfts berechnet. Ist die Leistung nicht bis zu den bestimmten Grenzen erfolgt, so wird nach Ausführung des Geschäfts die gezahlte Stempelsteuer bis auf den der wirklichen Leistung entsprechenden Betrag erstattet.

Bei Geldforderungen ist der aus der stempelpflichtigen Urkunde ersichtliche Geldbetrag, bei Kurs habenden Werthpapieren der Tageskurs als Werth anzusehen.

Die Umrechnung der in anderer als Reichswährung angegebenen Summen erfolgt nach den für die Erhebung des Wechselstempels vom Bundesrath festgesetzten Mittelwerthen und, insoweit solche nicht bestimmt worden sind, nach dem laufenden Kurse.

Der Werth des Besitzes einer Sache ist in der Regel dem Werthe der Sache gleich zu achten.

Der Werth eines Pfandrechts oder der Sicherstellung einer Forderung richtet sich nach dem Betrage der Forderung; hat der Gegenstand des Pfandrechts einen geringeren Werth, so ist dieser maßgebend.

Der Werth einer Grunddienstbarkeit wird durch den Werth, welchen dieselbe für das herrschende Grundstück hat, und wenn der Betrag, um welchen sich der Werth des dienenden Grundstücks durch die Dienstbarkeit mindert, größer ist, durch diesen Betrag bestimmt.

Der einjährige Werth von Nutzungen wird, wenn nicht aus der Urkunde ein höherer oder niederer Prozentsatz hervorgeht oder sonst festgestellt werden kann, zu vier vom Hundert des Werthes des Gegenstandes, welcher die Nutzung gewährt, angenommen.

Bei immerwährenden Nutzungen und Leistungen ist das Fünfundzwanzigfache ihres einjährigen Betrages, bei Nutzungen und Leistungen von unbestimmter Dauer, sofern nicht die Vorschriften in den beiden nächstfolgenden Absätzen Anwendung finden oder anderweite die längste Dauer begrenzende Umstände in der Urkunde angegeben sind, das Zwölfeinhalbfache des einjährigen Betrages als Werth anzusehen.

Der Werth von Nutzungen oder Leistungen auf Lebenszeit bestimmt sich nach dem zur Zeit ihres Anfanges erreichten Lebensalter der Person, bei deren Tode die Nutzung oder Leistung erlischt, und wird bei einem Lebensalter derselben

von	15	Jahren	oder	weniger		auf	das	18	fache
über	15	Jahre	bis	zu	25 Jahren	auf	das	17	fache
=	25	=	=	=	35 =	=	=	16	=
=	35	=	=	=	45 =	=	=	14	=
=	45	=	=	=	55 =	=	=	12	=
=	55	=	=	=	65 =	=	=	$8^1/_2$	=
=	65	=	=	=	75 =	=	=	5	=
=	75	=	=	=	80 =	=	=	3	=
=	80	=	auf das	. . . .				2	=

des Werthes der einjährigen Nutzung oder Leistung angenommen.

Ist die Dauer der Nutzungen oder Leistungen von der Lebenszeit mehrerer Personen dergestalt abhängig, daß beim Tode der zuerst versterbenden die Nutzung oder Leistung erlischt, so ist für die nach den Bestimmungen im vorigen Absatz vorzunehmende Werthermittelung das Lebensalter der ältesten Person maßgebend. Wenn die Nutzung oder Leistung bis zum Tode der letztversterbenden Person fortdauert, erfolgt die Berechnung nach dem Lebensalter der jüngsten Person.

Der Gesammtwerth der auf bestimmte Zeit eingeschränkten Nutzungen oder Leistungen ist unter Zugrundelegung eines vierprozentigen Zinsfußes nach der beigefügten Hülfstabelle zu ermitteln. Ist jedoch die Dauer der Nutzung oder Leistung noch außerdem durch die Lebenszeit einer oder mehrerer Personen bedingt, so darf der nach den Bestimmungen der beiden vorhergehenden Absätze zu berechnende Werth nicht überschritten werden.

Vgl. Tarif: Pachtverträge Buchst. b, Verträge Zahl 2. §§. 14, 15—19 d. E.St.G. — §. 8, Abs. 1 d. R.St.G. v. 27. 4. 94. — §§. 6, 7 d. C.P.O. Gpp. V, S. 1072, 1075—77.

§ 7.

Verpflichtung der Privatpersonen, Behörden und Beamten zur Auskunftertheilung; amtliches Ermittelungsverfahren.

Die Steuerpflichtigen sind zur Ertheilung der von den Steuerbehörden oder den zur Einziehung oder Verwendung des Stempels noch sonst verpflichteten Behörden oder Beamten erforderten Auskunft über den

Werth des Gegenstandes, soweit dazu nicht die Kenntnisse eines Sachverständigen oder besondere Ermittelungen erforderlich sind, verbunden.

Wird in den vorgedachten Fällen der Aufforderung der Behörden oder Beamten nicht genügt, so kann die Steuerbehörde die Säumigen durch Festsetzung und Einziehung von Ordnungsstrafen bis zu einem Gesammtbetrage von 60 Mark zur Befolgung der getroffenen Anordnungen anhalten, auch das zur Erledigung derselben Nöthige auf Kosten der Säumigen beschaffen. Der Festsetzung einer Ordnungsstrafe hat die Androhung derselben vorherzugehen.

Tragen die Behörden oder Beamten Bedenken, die Angaben der Steuerpflichtigen als richtig anzunehmen, und findet eine Einigung mit den Letzteren nicht statt, so sind die Behörden oder Beamten befugt, unter Zuziehung Sachverständiger, bei deren Auswahl etwaige Vorschläge der Steuerpflichtigen mit zu berücksichtigen sind, die für die Berechnung der Steuer erforderlichen Grundlagen zu ermitteln und danach die Steuer zu erheben. Die Kosten der Ermittelung fallen dem Steuerpflichtigen zur Last, wenn der ermittelte Werth den von dem Steuerpflichtigen angegebenen Werth um 10 Prozent oder mehr übersteigt. Die gezahlten Kosten werden erstattet, wenn im Verwaltungswege oder im Rechtswege die Ermäßigung des Werthes auf einen nicht zum Kostenersatz verpflichtenden Betrag erfolgt.

Wird von den Steuerpflichtigen gegen die Entscheidung der Steuerbehörde der Rechtsweg beschritten, so bleibt die Zahlung des streitig gebliebenen Stempels bis zur Rechtskraft des Urtheils ausgesetzt.

Alle unmittelbaren und mittelbaren Behörden und Beamten sind verbunden, der Steuerbehörde oder den zur Einziehung oder Verwendung des Stempels noch sonst verpflichteten Behörden oder Beamten Auskunft über die für die Festsetzung der Stempelsteuer in Betracht kommenden thatsächlichen Verhältnisse zu ertheilen.

Die Vorlegung von Urkunden, insbesondere von solchen, die eine Verfehlung des Produzenten gegen ein Stempelgesetz eventuell darthun würden, darf er verweigern A.H. S. 2378.

Vgl. §§. 10, 27, Abs. 3 d. G. — E.St.G. §§. 20, 21, 38. — §. 35, Abs. 4 und 6 d. Eink. St.G. v. 24. 6. 91 — §. 25 Abs. 3 und 5 d. Erg.St.G. v. 14. 7. 93.

§ 8.

Unbestimmtheit des Werthes des Gegenstandes.

Wenn bei einem Geschäft der Werth des Gegenstandes dergestalt unbestimmt ist, daß er von vornherein nicht festgestellt oder geschätzt werden kann, so hat der zur Entrichtung der Abgabe Verpflichtete die Urkunde innerhalb der in den §§. 15 und 16 angegebenen Fristen der Steuerbehörde vorzulegen, welche das Erforderliche wegen der Ueberwachung, Sicherstellung und nachträglichen Zahlung der Stempelsteuer anordnen wird.

Diese Bestimmung findet auch auf diejenigen Urkunden Anwendung, zu welchen Privatpersonen ohne amtliche Ueberwachung Stempelmarken verwenden dürfen.

Die Unbestimmtheit kommt z. B. bei Lieferungsverträgen vor, wenn die Menge der abzuliefernden Gegenstände von dem nicht vorher bestimmbaren Bedarf abhängt oder wenn die Preise der Gegenstände von künftigen Ereignissen, wie künftigen Marktpreisen und dergl., abhängig sein sollen. Mot. S. 14.

Vgl. §. 14b d. G. — §. 16 d. R.St.G.

§ 9.

Versteuerung mehrerer über denselben Gegenstand ausgestellter Urkunden.

Werden über denselben Gegenstand mehrere Urkunden gleichen Inhalts ausgefertigt, so wird die auf dem Gegenstande ruhende Steuer nur zu einer derselben, und zwar in der Regel zu derjenigen Urkunde, welche als Hauptausfertigung bezeichnet ist, verwendet; die übrigen Ausfertigungen sind mit demjenigen Stempel zu versehen, welcher nach der Tarifstelle „Duplikate" beizubringen ist. Eine Ausfertigung einer Verhandlung darf nur dann als Nebenausfertigung versteuert werden, wenn das Vorhandensein einer als Hauptausfertigung versteuerten Urkunde nachgewiesen wird.

Bei Notariatsverhandlungen ist der Stempel zu der Urschrift zu verwenden. Die erste Ausfertigung ist stempelfrei, wenn die Ausfertigung als erste bezeichnet und auf derselben bescheinigt ist, welcher Stempel zu der Urschrift verwendet worden ist.

Auf jeder zweiten und weiteren Ausfertigung oder amtlich beglaubigten Abschrift oder jedem amtlich beglaubigten Auszuge aus einer stempelpflichtigen Urkunde muß bescheinigt werden, welcher Stempel zu der Hauptausfertigung oder Urschrift verwendet worden ist. Alle unmittelbaren und mittelbaren Beamten sind verpflichtet, auch die von ihnen gefertigten einfachen Abschriften stempelpflichtiger Urkunden mit dieser Bescheinigung zu versehen.

Auf die von Rechtsanwälten beglaubigten Abschriften bezieht sich der letzte Absatz nicht. K.B. S. 105.

Vgl. §. 5. vorl. Abs. d. G.

§ 10.

Versteuerung mehrerer in derselben Urkunde enthaltener Gegenstände.

Wenn bei Rechtsgeschäften über mehrere, verschiedenen Steuersätzen unterliegende Gegenstände das Entgelt ohne Angabe der Einzelwerthe ungetrennt in einer Summe oder Leistung verabredet ist, so kommt für die Berechnung des Stempels der höchste Steuersatz zur Anwendung, sofern nicht von den Ausstellern der Urkunde auf derselben die Werthe für die einzelnen Gegenstände innerhalb der im §. 16 angegebenen Fristen noch nachträglich angegeben werden. Trägt die Steuerbehörde Bedenken, die ursprünglichen oder nachträglichen Angaben der Steuerpflichtigen über die Einzelwerthe als richtig anzunehmen, so kommen die Vorschriften des dritten Absatzes des §. 7 zur Anwendung.

Enthält eine Urkunde verschiedene steuerpflichtige Geschäfte, so ist der Betrag des Stempels für jedes Geschäft besonders zu berechnen und die Urkunde mit der Summe dieser Stempelbeträge zu belegen.

Sofern die einzelnen in einer Urkunde enthaltenen Geschäfte sich als Bestandtheile eines einheitlichen, nach dem Tarife steuerpflichtigen Rechtsgeschäftes darstellen, ist nur der für das letztere vorgesehene Stempelbetrag zu entrichten.

Für den Begriff der Verschiedenheit der in einer Urkunde enthaltenen Geschäfte sind nicht die Bestimmungen des Stempeltarifs, sondern die Normen des bürgerlichen Rechts maßgebend, dergestalt daß eine Verhandlung, welche verschiedene im Stempeltarif besonders vorgesehene Geschäfte umfaßt, die sich nach civilrechtlichen Begriffen aber nur als ein einheitliches Rechtsgeschäft darstellen, auch nur mit demjenigen Stempel zu belegen ist, welchen dieses Rechtsgeschäft nach dem Tarif erfordert. (R.G. i. C.S. Bd. 23, S. 193.) Mot. S. 16.

Solche Trennung wird besonders in Werkverdingungsverträgen und bei Kaufgeschäften über Grundstücke nebst beweglichem Beilaß von Wichtigkeit sein. Mot. S. 4.

Vgl. Gpp. V, S. 172 ff., 504 ff.

§ 11.

Mindestbetrag der Stempelsteuer und Abstufungen derselben.

Die Stempelabgabe beträgt, insoweit der Tarif nicht abweichende Bestimmungen enthält, mindestens 0,50 Mark und steigt in Abstufungen von je 0,50 Mark, wobei überschießende Stempelbeträge auf 0,50 Mark abgerundet werden.

Abweichende Bestimmungen s. bei Pos.: Erlaubnißertheilungen Buchst. c und d, Schuldverschreibungen und Versicherungsverträgen.

Vgl. Gpp. V, S. 478, 545.

§ 12.

Verpflichtung zur Zahlung der Stempelsteuer.

Zur Zahlung der Stempelsteuer sind verpflichtet:

a) bei den von Behörden und Beamten, einschließlich der Notare, aufgenommenen Verhandlungen oder ertheilten Ausfertigungen, Abschriften, Bescheinigungen, Auszügen und Genehmigungen aller Art diejenigen, auf deren Veranlassung die Schriftstücke aufgenommen oder ertheilt sind;

b) bei einseitigen Verpflichtungen und Erklärungen diejenigen, welche die Schriftstücke ausgestellt haben;

c) bei Verträgen einschließlich Punktationen alle Theilnehmer, insoweit der Tarif nicht abweichende Bestimmungen enthält.

Von mehreren zur Zahlung der Stempelsteuer verpflichteten Personen haftet jede einzelne als Gesammtschuldner.

Auflassungen fallen unter Buchst. a. A.H. S. 2383.

Vgl. Tarif: Pachtverträge. — Epp. V, S. 256 ff., 372.

§ 13.

Haftbarkeit für die Stempelsteuer.

Für die Entrichtung der Stempelsteuer haften unter Vorbehalt des Rückgriffs gegen die eigentlich Verpflichteten:

a) Beamte, einschließlich der Notare, jedoch ausschließlich der Schiedsmänner, welche die von ihnen aufgenommenen Urkunden vor erfolgter oder nicht ausreichend erfolgter Stempelverwendung aushändigen oder Ausfertigungen oder Abschriften ertheilen oder wegen der Einziehung des Stempels die ihnen nach §. 15 obliegenden Pflichten versäumen.

Diese Bestimmung kommt auch dann zur Anwendung, wenn ein Notar den Entwurf einer Urkunde anfertigt und nach Vollziehung durch die Betheiligten die Unterschriften oder Handzeichen beglaubigt;

b) Aktiengesellschaften, Kommanditgesellschaften auf Aktien, eingetragene Genossenschaften, Gewerkschaften und Gesellschaften mit beschränkter Haftung für die Stempel, welchen die von ihren Vorständen oder Geschäftsführern in ihrem Auftrage oder Namen errichteten Verhandlungen unterliegen;

c) bei Auktionen diejenigen, für deren Rechnung oder auf deren Veranlassung die Versteigerung stattgefunden hat, und die von diesen Personen zur Abhaltung der Auktionen Beauftragten;

d) jeder Inhaber oder Vorzeiger einer mit dem gesetzlichen Stempel nicht oder nicht ausreichend versehenen Urkunde, welcher ein rechtliches Interesse an dem Gegenstande derselben hat.

Auf die Richter findet dieser Paragraph keine Anwendung, dagegen auf die Gerichtssubalternbeamten. Mot. S. 17, A.H. S. 2384—85.

Rechtsanwälte gehören nicht zu denjenigen Personen, welche nach Buchst. d für die Entrichtung der Stempelsteuer haftbar gemacht werden können. KB. S. 106.

Vgl. §. 9 d. Ges. v. 15. 7. 90, enthaltend Bestimmungen über das Notariat. — R.G. i. Str.S. Bd. 10, S. 141. — Gpp. V, S. 372 ff., 256 ff.

II. Abschnitt.

Von der Erfüllung der Stempelpflicht und den Folgen der Nichterfüllung.

§ 14.

Art der Erfüllung der Stempelpflicht.

Die Stempelpflicht wird erfüllt durch

a) Niederschreiben der stempelpflichtigen Erklärung auf gestempeltes Papier;

b) Verwendung von Stempelmarken auf denjenigen Schriftstücken, zu welchen Stempelmarken ohne amtliche Ueberwachung verwendet werden dürfen;

c) Einreichung der stempelpflichtigen Urkunde oder, wenn diese nicht vorgelegt werden kann, einer den wesentlichen Inhalt der Urkunde enthaltenden Anzeige und Einzahlung des erforderlichen Geldbetrages bei einer zur Entwerthung von Stempelzeichen befugten Amtsstelle;

d) Verwendung von Stempelmarken durch zur Entwerthung derselben befugte Amtsstellen;

e) Baarzahlung der Stempelabgabe in denjenigen Fällen, in welchen dieselbe nach den Bestimmungen des Preußischen Gerichtskostengesetzes vom 25. Juni 1895 (Gesetz-Samml. S. 203) bei den Gerichtskosten zu vereinnahmen ist.

Der Finanzminister ist ermächtigt, für den Verkehr bestimmter Personen statt der Erhebung des Stempels im Einzelnen die Zahlung einer jährlichen Abfindungssumme zu gestatten. Die in diesem Verkehr errichteten Urkunden sind mit einem Hinweise darüber zu versehen, daß die Stempelpflicht durch die Vereinbarung einer Abfindungssumme erfüllt ist.

Die betreffenden Bestimmungen des Pr.G.K.G. lauten:

29. Eine Erhebung von Stempeln neben den Gebühren findet nur in denjenigen Fällen statt, in welchen es in diesem Gesetze ausdrücklich angeordnet ist.

Urkunden, welche in einem den Vorschriften dieses Gesetzes unterliegenden Verfahren errichtet werden, bleiben, soweit ihr Inhalt über den Gegenstand des Verfahrens hinausgeht, den allgemeinen Vorschriften über Erhebung von Stempeln unterworfen.

30. Eine Verwendung von Stempelmaterial findet bei den Gerichten nicht statt. Wenn Stempelabgaben neben den Gebühren zu erheben sind, werden dieselben nach den für Gerichtsgebühren geltenden Vorschriften eingezogen und auch sonst als Gerichtsgebühren behandelt. Die Vorschriften der §§. 1, 2, 7 Absatz 1, 8, 12, 13, 16 Absatz 2, 19 bis 22 bleiben jedoch hinsichtlich der Stempelabgaben ausser Anwendung. Gegen die Entscheidungen des Oberlandesgerichts über die Festsetzung des für eine Stempelberechnung massgebenden Werthes oder über Erinnerungen oder Beschwerden, betreffend den Ansatz von Stempelbeträgen, findet Beschwerde an den Justizminister statt. Der Justizminister kann den Ansatz dieser Beträge in allen Fällen von Amtswegen berichtigen. Die Vorschriften über die Zulässigkeit des Rechtsweges

werden durch die vorstehenden Bestimmungen nicht berührt. Bezüglich des Verfahrens bei der Beanstandung der im Falle einer Auflassung gemachten Werthsangabe behält es bei den stempelgesetzlichen Vorschriften sein Bewenden. Soweit der Finanzminister nach stempelgesetzlichen Vorschriften befugt ist, die Rückerstattung von Stempelgebühren oder die Abstandnahme von der Einziehung derselben anzuordnen, steht diese Befugniss hinsichtlich der als Gerichtskosten zu erhebenden Stempelbeträge dem Justizminister zu.

Auf die nach stempelgesetzlichen Vorschriften zu stundenden Stempelbeträge finden die Bestimmungen des ersten Absatzes keine Anwendung. Diese Beträge werden durch die Behörden der Verwaltung der indirekten Steuern eingezogen.

31. Wenn zum Gebrauche bei Gericht bestimmte Vollmachten, Schätzungen und Vermögensverzeichnisse ohne den vorgeschriebenen Stempel eingereicht oder behufs Ausschliessung des Auflassungsstempels oder des für die Eintragung, Abtretung oder Verpfändung einer Hypothek oder Grundschuld zu entrichtenden Werthstempels die Urkunden über das der Auflassung oder Eintragung zu Grunde liegende Rechtsgeschäft ohne den vorgeschriebenen Stempel vorgelegt werden, so finden auf die Einziehung des Stempels die Vorschriften des §. 30 entsprechende Anwendung. Dasselbe gilt, wenn letztwillige Verfügungen zur gerichtlichen Annahme oder Aufbewahrung eingereicht werden, hinsichtlich des für Testamente und Verfügungen von Todeswegen vorgeschriebenen Stempels von 1 Mark 50 Pf., sowie wenn privatschriftliche Punktationen oder sonstige Urkunden zur gerichtlichen Vollziehung, Anerkennung des Inhalts, Einregistrirung oder gerichtlichen Genehmigung überreicht werden.

In denjenigen Fällen, in welchen bei nicht oder nicht ordnungsmässig erfolgter Verwendung des Stempels nach den stempelgesetzlichen Vorschriften Stempelstrafen eintreten würden, sind die Betheiligten von Stempelstrafe frei, wenn die Einreichung der Urkunde bei Gericht innerhalb der für die Verwendung des Urkundenstempels sonst vorgeschriebenen Frist erfolgt. Die Verpflichtung der Notare, für die Einziehung der Stempel zu sorgen, wird hierdurch nicht berührt.

Auszüge, Ausfertigungen und Zeugnisse der Feld- oder Ortsgerichte (Schultheissen und Schöffen) im vormaligen Herzogthume Nassau, in den vormals Grossherzoglich Hessischen Gebietstheilen, im vormals Landgräflich Hessischen Amtsbezirke Homburg, in den Landgemeinden der vormals freien Stadt Frankfurt und im Bezirke des vormaligen Justizsenates zu Ehrenbreitstein, welche nach allgemeinen Vorschriften zum Zwecke der Vornahme eines gerichtlichen Geschäfts beigebracht werden müssen, sind unter Angabe dieses Zweckes ohne Verwendung von Stempelmaterialien zu ertheilen. Die für solche Schriftstücke erforderlichen Stempelbeträge werden unter Anwendung der Vorschriften des §. 30 mit den Gerichtskosten für das betreffende Geschäft eingezogen und auf die anzusetzenden Kosten dergestalt angerechnet, dass nur der überschiessende Betrag der letzteren zu erheben ist.

Die Vorschrift unter d bezieht sich auf diejenigen Schriftstücke, welche durch amtliche Thätigkeit entstehen oder bei deren Zustandekommen eine amtliche Betheiligung stattfindet, z. B. amtliche Zeugnisse oder Verträge, welche zwischen Privatpersonen und Behörden abgeschlossen werden. Mot. S. 18.

Eine Baarzahlung und Vereinnahmung der Stempelgebühren bei den Gerichtskosten erfolgt bei der Entrichtung des Stempels für Auflassungen, für die Eintragung, Abtretung oder Verpfändung einer Hypothek oder Grundschuld, falls eine die Erhebung des Gerichtskostenstempels ausschließende Urkunde nicht vorgelegt wird oder in den Fällen des §. 31 des Pr.G.K.G. Mot. S. 18.

Vgl. §§. 8, 17, 32 d. G. — §. 9 d. Not.G. v. 15. 7. 90 (G.S. S. 229) — Epp. V,, S. 247 ff.

§ 15.

Zeit der Stempelverwendung bei den von Behörden und Beamten aufgenommenen Verhandlungen.

Behörden und Beamte, einschließlich der Notare, jedoch ausschließlich der Schiedsmänner, haben zu allen von ihnen aufgenommenen Verhandlungen oder ertheilten

Ausfertigungen, Abschriften, Bescheinigungen, Auszügen und Genehmigungen aller Art den Stempel vor deren Aushändigung, spätestens aber binnen zwei Wochen nach dem Tage der Ausstellung der Urkunden zu verwenden. Ist der Stempel innerhalb dieser Frist von den Verpflichteten nicht beigebracht, so ist die zwangsweise Einziehung des Stempels binnen einer Woche bei der zuständigen Steuerstelle von den vorbezeichneten Behörden und Beamten zu beantragen oder, wenn sie selbst zur zwangsweisen Einziehung von Geldern befugt sind, die zwangsweise Einziehung innerhalb der gleichen Frist anzuordnen. Dieser Bestimmung unterliegen auch diejenigen Urkunden, bei denen ein Notar den Entwurf anfertigt und nach Vollziehung durch die Betheiligten die Unterschriften oder Handzeichen beglaubigt.

Insoweit die in der Tarifstelle „Erlaubnißertheilungen" unter c und m aufgeführten Urkunden einen den Betrag von 1 Mark 50 Pf., beziehungsweise 3 Mark übersteigenden Stempel erfordern, ist der Mehrbetrag von den Steuerpflichtigen erst binnen zwei Wochen nach dem Tage der Rechtskraft der Zuschrift über das Ergebniß der Veranlagung zur Gewerbesteuer oder der auf das eingelegte Rechtsmittel ergangenen Entscheidung beizubringen (§§. 32 und 35 ff. des Gewerbesteuergesetzes vom 24. Juni 1891 — Gesetz-Samml. S. 205 —).

Für die Versteuerung der stempelpflichtigen Verhandlungen der Schiedsmänner haben die Parteien den Stempel binnen zwei Wochen nach dem Tage der Aufnahme zu der Urschrift der Verhandlung beizubringen

und dem Schiedsmann zuzustellen. Die Schiedsmänner haben auf jeder von ihnen ertheilten Vergleichsausfertigung zu vermerken, welcher Stempel zu der Urschrift verwendet oder daß ein solcher nicht beigebracht worden ist.

Die betreffenden Bestimmungen des Gew.St.Ges. lauten:

§. 32. Das Ergebniss der Veranlagung hat der Vorsitzende des Steuerausschusses jedem Steuerpflichtigen mittelst einer, zugleich eine Belehrung über die Rechtsmittel enthaltenden Zuschrift bekannt zu machen.

Auf die von dem Vorsitzenden des Steuerausschusses zu bewirkenden Zustellungen an Steuerpflichtige finden die Bestimmungen im §. 53 des Einkommensteuergesetzes Anwendung.

§. 35. Gegen das Ergebniss der Veranlagung steht dem Steuerpflichtigen das Rechtsmittel des Einspruchs bei dem Steuerausschusse zu. Dasselbe ist bei dem Vorsitzenden des Ausschusses binnen einer Ausschlussfrist von 4 Wochen einzulegen, welche von dem auf die Zustellung der Steuerzuschrift (§§. 32 und 34) folgenden Tage ab läuft.

§. 36. Gegen die Entscheidung des Steuerausschusses über den Einspruch steht sowohl dem Vorsitzenden als dem Steuerpflichtigen binnen der im §. 35 bestimmten Ausschlussfrist das Rechtsmittel der Berufung an die Bezirksregierung (§§. 29 und 30) zu. Der Steuerpflichtige hat das Rechtsmittel beim Vorsitzenden des Steuerausschusses einzulegen.

Für den Vorsitzenden läuft diese Frist vom Tage der Entscheidung.

§ 37. Gegen die Entscheidung über die Berufung steht dem Steuerpflichtigen die Beschwerde an das Oberverwaltungsgericht zu, welche innerhalb der im §. 35 bestimmten Ausschlussfrist bei der Bezirksregierung (§§. 29 und 30) einzulegen ist, und nur darauf gestützt werden kann:

1. dass die angefochtene Entscheidung auf der Nichtanwendung oder auf der unrichtigen Anwendung des bestehen-

den Rechts, insbesondere auch der von den Behörden innerhalb ihrer Zuständigkeit erlassenen Verordnungen beruhe;

2. dass das Verfahren an wesentlichen Mängeln leide.

In der Beschwerde ist anzugeben, worin die behauptete Nichtanwendung oder unrichtige Anwendung des bestehenden Rechts, oder worin die behaupteten Mängel des Verfahrens gefunden werden.

Die Bestimmungen in §§. 45 bis 49 des Einkommensteuergesetzes finden sinngemässe Anwendung.

Vgl. §. 41 Schiedsm.-O. v. 23. 3. 79.

§ 16.

Zeit der Stempelverwendung bei Verhandlungen der Privatpersonen.

Bei den nicht auf Stempelpapier niedergeschriebenen Verhandlungen der Privatpersonen muß die Versteuerung bewirkt sein:

a) bei Urkunden, zu welchen die Aussteller Stempelmarken ohne amtliche Ueberwachung verwenden dürfen, vor der Aushändigung, spätestens aber binnen zwei Wochen nach dem Tage der Ausstellung, vorbehaltlich der Bestimmung im §. 14 Absatz 2;

b) bei Schriftstücken über die Uebertragung eines Kuxes (vergl. Tarifstelle „Kuxe") vom Aussteller vor der Umschreibung im Gewerkenbuche, spätestens aber binnen zwei Wochen nach dem Tage der Ausstellung;

c) bei Pacht-, Mieth- und antichretischen Verträgen über unbewegliche Sachen innerhalb der in der Tarifstelle „Pachtverträge" angegebenen Frist;

d) bei Gesellschaftsverträgen, die der Eintragung in das Handels- oder Genossenschaftsregister bedürfen, vor der Eintragung in die Register, spätestens aber binnen zwei Wochen nach dem Tage der Errichtung;

e) bei den von der Heeresverwaltung mit Privatpersonen abgeschlossenen Verträgen und Verhandlungen über Lieferungen, Werkverdingungen und sonstige Leistungen, die erst im Falle einer Mobilmachung zur Ausführung kommen sollen, binnen zwei Wochen nach Eintritt der Mobilmachung;

f) bei im Auslande errichteten Urkunden, bei denen Inländer betheiligt sind, binnen zwei Wochen nach dem Tage der Rückkehr der Inländer in das Inland, bei sonstigen im Auslande errichteten Urkunden, von denen im Inlande Gebrauch gemacht werden soll, vor dem Gebrauch;

g) in allen übrigen Fällen vom Aussteller binnen zwei Wochen nach dem Tage der Ausstellung.

Von jedem Inhaber oder Vorzeiger einer stempelpflichtigen Urkunde, welcher ein rechtliches Interesse an dem Gegenstande derselben hat, ist die Versteuerung der Urkunde binnen zwei Wochen nach dem Tage des Empfanges zu bewirken.

Bei Urkunden über Rechtsgeschäfte, welche erst durch die Genehmigung oder den Beitritt einer Behörde oder eines Dritten Rechtswirksamkeit erlangen, beginnt den Ausstellern gegenüber die Frist für die Verwendung des Stempels mit dem Ablaufe desjenigen Tages, an welchem sie von der Genehmigung oder dem Beitritt Kenntniß erhalten haben.

Vgl. Anmerkung zu §. 30 d. G. — Tarif: Abtretung von Rechten; Auflassungen. — §. 105 d. Berg-Ges. v. 24. 6. 65 (G.S.S. 705) — Epp. V, S. 248 ff.

§ 17.

Festsetzung von Geldstrafen gegen Privatpersonen.

Wer den Vorschriften bezüglich der Verpflichtung zur Entrichtung der Stempelsteuer zuwiderhandelt, hat eine Geldstrafe verwirkt, welche dem vierfachen Betrage des hinterzogenen Stempels gleichkommt, mindestens aber drei Mark beträgt.

Betreffen die gedachten Zuwiderhandlungen die in der Tarifstelle „Pachtverträge" aufgeführten Verzeichnisse oder Urkunden, zu welchen Privatpersonen Stempelmarken ohne amtliche Ueberwachung verwenden dürfen, so ist eine Geldstrafe verwirkt, welche dem zehnfachen Betrage des hinterzogenen Stempels gleichkommt, mindestens aber dreißig Mark beträgt.

Die gleiche Geldstrafe tritt ein, wenn:

a) bei Auflassungserklärungen und Umschreibungsanträgen ein geringerer Werth angegeben wird, als der nach den Vorschriften der Tarifstelle „Kauf- und Tauschverträge" bei der Versteuerung der Kaufverträge berechnete Betrag der von dem Erwerber übernommenen Lasten und Leistungen, mit Einschluß des Preises und unter Zurechnung der vorbehaltenen Nutzungen;

b) bei Auflassungserklärungen und Umschreibungsanträgen eine Urkunde über das Rechtsgeschäft vorgelegt wird, welche dasselbe nicht so enthält, wie es unter den Betheiligten hinsichtlich des Werthes der Gegenleistung verabredet ist, und einem geringeren Stempel unterliegt, als die Beurkundung des wirklich verabredeten Rechtsgeschäftes erfordern würde.

Kann der Betrag des hinterzogenen Stempels nicht festgestellt werden, so tritt eine Geldstrafe bis zu dreitausend Mark ein.

Die verwirkten Geldstrafen treffen jeden Unterzeichner oder Aussteller einer Urkunde besonders und in vollem Betrage.

Bei Genossenschaften und Aktiengesellschaften sind die Geldstrafen gegen die Vorstandsmitglieder, bei Kommanditgesellschaften gegen die persönlich haftenden Gesellschafter, bei offenen Handelsgesellschaften gegen die Gesellschafter, bei Gesellschaften mit beschränkter Haftung gegen die Geschäftsführer, bei Gewerkschaften gegen die Repräsentanten oder Grubenvorstände nur im einmaligen Betrage, jedoch unter Haftbarkeit jedes einzelnen als Gesammtschuldners festzusetzen. Ebenso ist zu verfahren, wenn mehrere Urkundenaussteller bei einem Geschäft als gemeinschaftliche Kontrahenten betheiligt sind.

Bei Zuwiderhandlungen gegen die Vorschriften bezüglich der Verpflichtung zur Entrichtung der Stempelsteuer unter a der Tarifstelle „Pachtverträge“ trifft die

Geldstrafe nur den Verpächter, Vermiether oder Verpfänder.

Die Strafe soll auch denjenigen treffen, der die Urkunde produzirt, ebenso den Inhaber derselben. A.H. S. 2389.

Vgl. §. 35 d. R.St.G. — Opp. V, S. 363 ff.

§ 18.

Festsetzung von Ordnungsstrafen gegen Privatpersonen.

Wenn in den Fällen des vorhergehenden Paragraphen aus den Umständen sich ergiebt, daß eine Steuerhinterziehung nicht hat verübt werden können oder nicht beabsichtigt worden ist, so tritt statt der vorgedachten Geldstrafen eine Ordnungsstrafe bis zu dreihundert Mark ein.

Diese Strafe haben auch Repräsentanten oder Grubenvorstände von Gewerkschaften verwirkt, wenn sie die Umschreibung von Kuxen im Gewerkenbuche vor erfolgter Versteuerung der Uebertragungsurkunden vornehmen.

Dieselbe Strafe ziehen Zuwiderhandlungen gegen die Vorschriften dieses Gesetzes oder gegen die zu dessen Ausführung erlassenen Vorschriften, die im Gesetze mit keiner besonderen Strafe belegt sind, nach sich.

Vgl. §. 34, Abs. 1 d. R.St.G. — §. 30 d. Pr.G.K.G. abgedr. bei §. 14 d. G.

§ 19.

Festsetzung von Ordnungsstrafen gegen Beamte und Notare.

Unmittelbare oder mittelbare Staatsbeamte, einschließlich der Notare, welche bei ihren amtlichen Verhandlungen oder bei den im Auftrage oder Namens einer unmittelbaren oder mittelbaren Staatsbehörde mit Privatpersonen abgeschlossenen Verträgen die ihnen durch dieses Gesetz oder die zu dessen Ausführung erlassenen Vorschriften hinsichtlich der Versteuerung auferlegten Pflichten versäumen, sind, sofern nicht nach der Art des Vergehens wegen verletzter Amtspflicht eine höhere Strafe eintritt, mit einer Ordnungsstrafe bis zum Betrage des nicht verwendeten Stempels, jedoch nicht über einhundertfünfzig Mark zu belegen.

Die Privatpersonen, mit welchen die Verträge abgeschlossen sind, desgleichen die Inhaber oder Vorzeiger bleiben von Strafe frei.

Die Festsetzung der Strafen gegen Beamte und Notare erfolgt durch die ihnen vorgesetzte Aufsichtsbehörde; die Ermäßigung oder Niederschlagung der Strafe kann durch dasjenige Ministerium angeordnet werden, zu dessen Verwaltung der Beamte gehört.

Vgl. §. 30, Abs. 3 d. G. — Hpp. V, S. 393 ff.

§ 20.

Straffreiheit.

Wenn der Stempel entsprechend der Auskunft der zur Verwaltung des Stempelwesens bestellten Behörde verwendet worden ist, so treten die Strafen der §§. 17 bis 19 nicht ein.

Vgl. §. 30, Abs. 2 d. G.

§ 21.

Strafverfahren.

Bei Zuwiderhandlungen gegen dieses Gesetz kommen hinsichtlich des Verwaltungsstrafverfahrens und der Voraussetzungen für die Zulässigkeit des gerichtlichen Strafverfahrens dieselben Vorschriften zur Anwendung, nach welchen sich das Verfahren wegen Vergehen gegen die Zollgesetze bestimmt, jedoch mit der Maßgabe, daß die Strafbescheide, wenn durch dieselben Strafen bis zum Betrage von dreihundert Mark festgesetzt werden, von den Hauptsteuer- oder Hauptzollämtern, sonst aber von den Provinzialsteuerbehörden erlassen werden.

Vgl. R.G. v. 9. 6. 95 über den Beistand bei Einziehung von Abgaben und Vollstreckung von Vermögensstrafen (R.G.Bl. S. 256) — Bonnenberg, das Strafverfahren in Zoll- und Steuersachen. Berlin, 1894. Landesstempel-Strafverfahren Buch VIII, S. 337 — Gpp. V, S. 422 ff.

§ 22.

Strafvollstreckung.

Die Umwandlung einer Geldstrafe, zu deren Zahlung der Verpflichtete unvermögend ist, in eine Freiheitsstrafe findet nicht statt. Auch darf zur Beitreibung von Geldstrafen ohne Zustimmung des Verurtheilten, wenn dieser ein Preuße ist, kein Grundstück im Wege der Zwangsvollstreckung versteigert werden.

Vgl. Kab.-O. v. 24. 5. 47 (G.S. S. 238) — §. 15 des W.St.G. v. 10. 6. 69 — §. 47 d. E.St.G. v. $\frac{30.\ 5.\ 73}{19.\ 5.\ 91}$ (G.S. S. 72 ff.) — §. 37 d. R.St.G.

§ 23.

Verjährung der Strafverfolgung und der Strafvollstreckung.

Die Strafverfolgung von Zuwiderhandlungen gegen die Vorschriften dieses Gesetzes und die zu dessen Ausführung erlassenen Bestimmungen sowie die Vollstreckung der dieserhalb rechtskräftig festgesetzten und rechtskräftig erkannten Strafen verjährt in fünf Jahren.

III. Abschnitt.

Besondere Bestimmungen.

§ 24.

Ersatz für die vor dem Verbrauch verdorbenen Stempelzeichen.

Für Stempelzeichen, welche vor dem Verbrauche durch Zufall oder Versehen verdorben worden sind, kann Ersatz beansprucht werden.

Vgl Opp. V, S. 495 ff.

§ 25.

Erstattung bereits verwendeter Stempel.

Die entrichtete Stempelsteuer wird erstattet:

a) wenn ein gesetzlich nicht erforderlicher Stempel verwendet und der Erstattungsantrag innerhalb zweier Jahre nach der Entrichtung des Stempels angebracht worden ist;

b) wenn der von Behörden oder Beamten, einschließlich der Notare, in der Erwartung der Zahlung verwendete Stempel von den zur Entrichtung desselben Verpflichteten nicht beigetrieben werden kann;

c) wenn ein beurkundetes Geschäft nichtig ist oder durch rechtskräftiges gerichtliches Urtheil für ungültig oder nichtig erklärt und die Erstattung innerhalb zweier Jahre nach der Beurkundung des nichtigen Geschäfts oder binnen Jahresfrist nach Eintritt der Rechtskraft des gerichtlichen Erkenntnisses nachgesucht wird.

Außerdem kann der Finanzminister die Erstattung bereits verwendeter Stempel aus Billigkeitsgründen anordnen, wenn die Ausführung eines Geschäfts unterblieben und die Erstattung innerhalb zweier Jahre nach der Beurkundung des Geschäfts beantragt worden ist.

Der Steuerverwaltung bleibt jedoch im Falle zu c und im Falle des vorhergehenden Absatzes das Recht vorbehalten, den Stempel von demjenigen Vertragschließenden wieder einzuziehen, welcher bei der Beurkundung des Geschäfts von den die Nichtigkeit oder Ungültigkeit desselben bedingenden Umständen Kenntniß gehabt oder die unterbliebene Ausführung des Geschäfts verschuldet hat.

Dieser Paragraph findet bei nicht voller Ausnutzung eines gewährten Kredits keine Anwendung. K.B. S. 76.

Vgl. §. 3, Abs. 2 d. G. — Gpp. V, S. 497 ff.

§ 26.

Rechtsweg.

In Beziehung auf die Verpflichtung zur Entrichtung einer Stempelabgabe ist der Rechtsweg zulässig. Die Klage ist bei Verlust des Klagerechts binnen sechs Monaten nach erfolgter Beitreibung oder geleisteter Zahlung gegen diejenige Provinzialsteuerbehörde zu richten, in deren Verwaltungsbezirk die Steuer erfordert worden ist. Wenn es sich um Stempelbeträge handelt, welche nach den für Gerichtskosten geltenden Vorschriften einzuziehen sind, ist die Klage gegen die zur Vertretung des Fiskus in Angelegenheiten der Justizverwaltung bestimmte Behörde zu richten.

Der Rechtsweg ist für alle Arten von Stempeln zugelassen, auch ist die Zulässigkeit der Klage nicht von einer mit Vorbehalt geleisteten Zahlung abhängig. K.B. S. 108.

Vgl. R.G. i. C.S. Bd. 25, S. 247. — Gpp. V, S. 41 ff.

§ 27.

Verjährung der Stempelsteuer.

Die Stempelsteuer verjährt, wenn sie auf einen Bruchtheil des Werthes des Gegenstandes zu bemessen ist, in zehn, sonst in fünf Jahren nach Ablauf des Kalenderjahres, in welchem die Zahlung der Abgabe hätte erfolgen müssen.

Die Verjährung wird unterbrochen durch eine an den Zahlungspflichtigen erlassene Aufforderung zur Zahlung, durch Handlungen der Zwangsvollstreckung oder durch Bewilligung einer Stundung. Mit dem Ablauf desjenigen Kalenderjahres, in welchem die letzte Aufforderung zugestellt, die letzte Vollstreckungshandlung vorgenommen oder die bewilligte Frist abgelaufen ist, beginnt eine neue Verjährung.

Die Beanstandung der Angaben der Steuerpflichtigen über den Werth des Gegenstandes eines Geschäfts ist binnen einer dreijährigen Frist nach der Beurkundung zulässig.

Vgl. §. 7 d. G. — §. 50 d. E.St.G. v. $\frac{30.\ 5.\ 73}{19.\ 5.\ 91}$ (G.S. S. 72) — §. 13 des Pr.G.K.G. — Gpp. V, S. 35 ff.

§ 28.

Berechnung der Fristen.

Für die Berechnung der in diesem Gesetz und dem Tarif erwähnten Fristen sind die Bestimmungen der Deutschen Civilprozeßordnung maßgebend.

Die betreffenden Bestimmungen der C.P.O. lauten:

§. 199. Bei der Berechnung einer Frist, welche nach Tagen bestimmt ist, wird der Tag nicht mitgerechnet, auf welchen der Zeitpunkt oder das Ereigniss fällt, nach welchem der Anfang der Frist sich richten soll.

§. 200. Eine Frist, welche nach Wochen oder Monaten bestimmt ist, endigt mit Ablauf desjenigen Tages der letzten Woche oder des letzten Monats, welcher durch seine Benennung oder Zahl dem Tage entspricht, an welchem die Frist begonnen hat; fehlt dieser Tag in dem letzten Monate, so endigt die Frist mit Ablauf des letzten Tages dieses Monats.

Fällt das Ende einer Frist auf einen Sonntag oder allgemeinen Feiertag, so endigt die Frist mit Ablauf des nächstfolgenden Werktages.

§ 29.

Kosten.

Die Verhandlungen in Stempelsteuerangelegenheiten — mit Ausnahme derjenigen im Strafverfahren, hinsichtlich deren die für das Zollstrafverfahren bestehenden Vorschriften zur Anwendung kommen — sind kostenfrei.

Die Steuerpflichtigen sind zur Tragung des durch die Verhandlungen mit ihnen erwachsenden Portos verbunden.

Vgl. §. 30 d. G. — §. 49 d. E.St.G.

§ 30.

Verwaltung der Stempelsteuer.

Die Verwaltung des gesammten Stempelwesens wird unter Leitung des Finanzministers von den Provinzialsteuerbehörden durch die Stempelsteuerämter, Zoll- und Steuerbehörden geführt.

Die Hauptsteuer- und Hauptzollämter sowie Stempelsteuerämter sind verpflichtet, gegen Erstattung der ihnen an Schreibgebühren und Porto erwachsenden Kosten den zur Verwendung des Stempels verpflichteten Personen Auskunft über die Höhe des Stempels zu ertheilen.

Außer den Steuerbehörden haben alle diejenigen Staats- oder Kommunalbehörden und Beamten, welchen eine richterliche oder Polizeigewalt anvertraut ist, die besondere Verpflichtung, auf Befolgung der Stempelgesetze zu halten und alle bei ihrer Amtsverwaltung zu ihrer Kenntniß kommenden Zuwiderhandlungen gegen dieses Gesetz behufs Einleitung des Strafverfahrens von Amtswegen zur Anzeige zu bringen.

Etwaige Verzögerungen in der Beantwortung rechtzeitig gestellter Anfragen können Bestrafungen wegen verspäteter Entrichtung der Stempel Seitens der Pflichtigen nicht herbeiführen. H.H. S. 356.

Es ist auch darüber Auskunft zu ertheilen, ob eine Urkunde überhaupt stempelpflichtig ist oder nicht. A.H. S. 2515—16.

Vgl. §. 20 d. G. — §. 40 R.St.G. — Gpp. V, S. 39 ff., 428 ff.

§ 31.

Aufsichtsführung.

Die nähere Aufsicht über die gehörige Beobachtung dieses Gesetzes führen die Vorstände der Stempelsteuerämter, welche mit besonderer Anweisung vom Finanzminister versehen werden.

Alle Behörden und Beamten, einschließlich der Notare, ferner Aktiengesellschaften, Kommanditgesellschaften auf Aktien, eingetragene Genossenschaften, Gewerkschaften, Gesellschaften mit beschränkter Haftung, Versicherungsgesellschaften auf Gegenseitigkeit und diejenigen Personen, welche gewerbsmäßig Auktionen abhalten, sind verpflichtet, den vorbezeichneten Vorständen behufs Prüfung der gehörigen Abgabenentrichtung die Einsicht ihrer Akten, Bücher und Schriftstücke zu gestatten.

Ferner sind alle Verpächter, Vermiether und Verpfänder verbunden, die von ihnen zu führenden Verzeichnisse den Vorständen auf Verlangen einzureichen.

Privatpersonen sind auf Erfordern der Vorstände der Stempelsteuerämter verpflichtet, sich über die gehörige Beobachtung der Stempelgesetze auszuweisen, wenn Thatsachen vorliegen, welche den dringenden Verdacht rechtfertigen, daß von ihnen ein Stempelgesetz verletzt ist. Bei dringendem Verdacht einer Stempelsteuerhinterziehung hat auf einen durch Angabe und Glaubhaftmachung der vorliegenden Thatsachen zu begründenden Antrag des Vorstandes des Stempelsteueramtes das Amtsgericht, in dessen Bezirke die Privatperson ihren Wohnsitz oder in Ermangelung dessen ihren gewöhnlichen Aufenthaltsort hat, über die Anordnung einer Beschlagnahme oder Durchsuchung Entscheidung zu treffen. Der Ausführung der Beschlagnahme oder Durchsuchung hat eine Aufforderung zum Ausweis über die gehörige Beobachtung der Stempelsteuergesetze unmittelbar vorauszugehen. Auf das Verfahren finden im Uebrigen die Vorschriften der Strafprozeßordnung mit der Maßgabe entsprechende Anwendung, daß der Beschlagnahme oder Durchsuchung der Vorstand des Stempelsteueramtes beziehungsweise ein mit seiner Vertretung beauftragter Beamter beiwohnen kann.

Der Antrag der Steuerverwaltung über die Anordnung einer Beschlagnahme oder Durchsuchung unterliegt der freien Beweiswürdigung des Richters. K.B. S. 112.

Die Durchsuchung beziehentlich Beschlagnahme nimmt das Gericht, nicht der Stempelfiskal, vor. A.H. S. 2398.

Vgl. §§. 8, 94 ff. d. R.Str.P.O. — §. 39 d. R.St.G. — Epp. V, S. 458 ff.

§ 32.

Anfertigung, Verkauf und Verwendung von Stempelzeichen und Anlegung von Verzeichnissen.

Der Finanzminister erläßt die Anordnungen wegen der Anfertigung, des Verkaufs und der Verwendung des Stempelpapiers und der Stempelmarken, wegen der Zulässigkeit der Verwendung von Stempelmarken ohne amtliche Ueberwachung, wegen der in §. 14 bezeichneten Abfindungen und wegen Anlegung der in der Tarifstelle „Pachtverträge" vorgeschriebenen Verzeichnisse.

Stempelmarken, welche von Privatpersonen nicht in der vorgeschriebenen Weise verwendet worden sind, werden als nicht verwendet angesehen.

§ 33.

Unbefugter Handel mit Stempelzeichen.

Der unbefugte Handel mit Stempelzeichen wird unter Einziehung der Vorräthe mit einer Geldstrafe bis zu einhundertfünfzig Mark bestraft.

Vgl. Gpp. V, S. 478, 480, 492 ff.

§ 34.

Uebergangsbestimmungen.

Dieses Gesetz tritt mit dem 1. April 1896 in Kraft.

Auf die vor diesem Tage abgegebenen Auflassungserklärungen und gestellten Anträge auf Eintragung einer Hypothek oder Grundschuld oder der Verpfändung einer Hypothek oder Grundschuld sowie auf diejenigen Urkunden, welche vor diesem Tage Stempelpflichtigkeit erlangt haben, finden die bisherigen gesetzlichen Vorschriften Anwendung.

Die Vorschriften unter a der Tarifstelle „Pachtverträge" kommen für denjenigen Zeitraum nicht zur Anwendung, hinsichtlich dessen eine Versteuerung der vor dem 1. April 1896 geschlossenen Pacht-, Mieth- und antichretischen Verträge bereits stattgefunden hat.

§ 35.

Aufrechterhaltung und Aufhebung älterer Bestimmungen.

Vom 1. April 1896 ab sind alle auf die Stempelsteuer bezüglichen Gesetzesvorschriften, soweit sie nicht in diesem Gesetz und dem anliegenden Tarif aufrechterhalten sind, aufgehoben.

Insbesondere treten außer Kraft:

die im Kreise Herzogthum Lauenburg geltende Hannoversche Verordnung vom 31. Dezember 1813, betreffend die Erhebung der Stempelabgaben, Lauenburgische Verordnungen, Sammlung für 1813 S. 41,

das Gesetz wegen der Stempelsteuer vom 7. März 1822, Gesetz-Samml. S. 57,

die Kabinetsorder vom 4. September 1823 wegen der Stempelpflichtigkeit der Dispositionsscheine der Banquiers und Kaufleute, Gesetz-Samml. S. 163,

die Kabinetsorder vom 13. November 1828 wegen des zu Verträgen über Angabe an Zahlungsstatt erforderlichen Kaufwerthstempels, Gesetz-Samml. 1829 S. 21,

die Kabinetsorder vom 14. April 1832 wegen Abänderung der Bestimmungen im §. 5 litt. a und b des Stempelgesetzes vom 7. März 1822, Gesetz-Samml. S. 137,

die Kabinetsorder vom 13. April 1833, betreffend den Rekurs gegen Strafresolute in Stempelsachen, Gesetz-Samml. S. 33,

die Kabinetsorder vom 19. Juni 1834, betreffend die Erläuterung der Vorschriften des Tarifs zum Stempelgesetz vom 7. März 1822 wegen Stempelpflichtigkeit der Punktationen, Gesetz-Samml. S. 81,

die Ziffer 2 der Kabinetsorder vom 7. Februar 1835, in Betreff des Kleinhandels mit Getränken auf dem Lande und des Gast- und Schankwirthschaftsbetriebes überhaupt, für alle Theile der Monarchie, Gesetz-Samml. S. 18,

die Kabinetsorder vom 28. Oktober 1836, betreffend die Abänderung des §. 22 des Stempelgesetzes vom 7. März 1822, Gesetz-Samml. S. 308,

die Kabinetsorder vom 16. Januar 1840, die Ergänzung der Stempeltarifposition „Vergleiche" und die nähere Bestimmung der für die Vergleichsakte der Friedensrichter in der Rheinprovinz und für die Vergleichsverhandlungen der Schiedsmänner bewilligten Stempelfreiheit betreffend, Gesetz-Samml. S. 18, die Kabinetsorder vom 23. Dezember 1842, die Ausdehnung der mildernden Bestimmungen der Order vom 28. Oktober 1836 zu dem §. 22 des Stempelgesetzes vom 7. März 1822 auf Verträge, welche zwischen einer unmittelbaren oder mittelbaren Staatsbehörde und einer Privatperson abgeschlossen sind, betreffend, Gesetz-Samml. für 1843 S. 21,

die Kabinetsorder vom 21. Juni 1844, betreffend die Aufhebung des Werthstempels für die Uebernahme von Nachlaßgegenständen bei Auseinandersetzungen zwischen mehreren Erben, Gesetz-Samml. S. 253,

die Kabinetsorder vom 18. Juli 1845, in Betreff der Stempelsteuer für die Errichtung von Fideikommiß- und Familienstiftungen, Gesetz-Samml. S. 506,

die Kabinetsorder vom 3. Oktober 1845, den zu Lehrkontrakten erforderlichen Stempel betreffend, Gesetz-Samml. S. 680,

der §. 10 des Gesetzes, betreffend einige Abänderungen der Hypothekenordnung vom 20. Dezember 1783, vom 24. Mai 1853, Gesetz-Samml. S. 521,

das Gesetz vom 25. Mai 1857, betreffend die Revision der Aktiengesellschaften im Stempelinteresse, Gesetz-Samml. S. 517, die §§. 11 und 12 des Gesetzes, betreffend die Erweiterung des Rechtsweges, vom 24. Mai 1861, Gesetz-Samml. S. 241,

das Gesetz vom 22. Juli 1861, betreffend die Entrichtung des Stempels von Uebertragsverträgen zwischen Ascendenten und Descendenten, Gesetz-Samml. S. 754,

das Gesetz vom 2. März 1867, betreffend die den gemeinnützigen Aktienbaugesellschaften bewilligte Sportel- und Stempelfreiheit, Gesetz-Samml. S. 385, insoweit es sich auf die Stempelsteuer bezieht,

die Verordnung vom 19. Juli 1867, betreffend die Verwaltung des Stempelwesens und die Erhebung des Urkundenstempels in dem vormaligen Königreich Hannover, dem vormaligen Kurfürstenthum Hessen und Herzogthum Nassau, sowie in den vormals Bayerischen Gebietstheilen, Gesetz-Samml. S. 1191,

die Verordnung vom 7. August 1867, betreffend die Erhebung der Stempelsteuer in den Herzogthümern Schleswig und Holstein, Gesetz-Samml. S. 1277,

die Verordnung vom 16. August 1867, betreffend die Verwaltung des Stempelwesens und den Urkundenstempel in der ehemals freien Stadt Frankfurt a. M., Gesetz-Samml. S. 1346,

das Gesetz vom 5. März 1868 wegen Aenderung der Stempelsteuer in den Regierungsbezirken

Cassel und Wiesbaden mit Ausnahme der Stadt Frankfurt a. M., Gesetz-Samml. S. 185,

das Gesetz vom 24. Februar 1869 wegen Aenderung der Stempelsteuer in der Provinz Hannover, Gesetz-Samml. S. 366,

das Gesetz, betreffend die Stempelabgaben von gewissen, bei dem Grundbuchamte anzubringenden Anträgen, vom 5. Mai 1872, Gesetz-Samml. S. 509,

das Gesetz, betreffend die Aufhebung beziehungsweise Ermäßigung gewisser Stempelabgaben, vom 26. März 1873, Gesetz-Samml. S. 131,

das Gesetz vom 27. Juni 1875, betreffend die Verwaltung des Stempelwesens in Frankfurt a. M., Gesetz-Samml. S. 407,

der §. 35 der Hinterlegungsordnung vom 14. März 1879, Gesetz-Samml. S. 249, insoweit er sich auf die Stempelsteuer bezieht,

die §§. 40 und 41 der Schiedsmannsordnung vom 29. März 1879, Gesetz-Samml. S. 321, insoweit sich dieselben auf die Stempelsteuer beziehen,

der §. 2 des Gesetzes, enthaltend Bestimmungen über Gerichtskosten und über Gebühren der Gerichtsvollzieher, vom 21. März 1882, Gesetz-Samml. S. 129,

der §. 3 des Gesetzes, betreffend die Gerichtskosten bei Zwangsversteigerungen und Zwangsverwaltungen von Gegenständen des unbeweglichen

Vermögens, vom 18. Juli 1883, Gesetz-Samml. S. 189, insoweit sich derselbe auf die Stempelsteuer bezieht,

das Gesetz, betreffend die Stempelsteuer für Kauf- und Lieferungsverträge im kaufmännischen Verkehr und für Werkverdingungsverträge, vom 6. Juni 1884, Gesetz-Samml. S. 279,

der §. 41 des Gesetzes über das Grundbuchwesen und die Zwangsvollstreckung in das unbewegliche Vermögen im Geltungsbereich des Rheinischen Rechts vom 12. April 1888, Gesetz-Samml. S. 52,

das Gesetz, betreffend Abänderung mehrerer Bestimmungen der Gesetzgebung über die Stempelsteuer, vom 19. Mai 1889, Gesetz-Samml. S. 115, der erste Absatz des §. 9 des Gesetzes, enthaltend Bestimmungen über das Notariat und über die gerichtliche oder notarielle Beglaubigung von Unterschriften oder Handzeichen, vom 15. Juli 1890, Gesetz-Samml. S. 229,

die §§. 2 bis einschließlich 4 und 46, sowie die Anmerkung zu diesem Paragraphen des Gesetzes, betreffend die Erbschaftssteuer vom $\frac{\text{30. Mai 1873}}{\text{19. Mai 1891}}$, Gesetz-Samml. für 1891 S. 78, insoweit diese Vorschriften nicht für die Hohenzollernschen Lande Geltung haben,

der §. 5 b des Art. III des Gesetzes, betreffend die im Geltungsbereich des Rheinischen Rechts außerhalb des vormaligen Herzogthums Berg bestehenden Pfandschaften, sowie die Abänderung und Ergänzung des Gesetzes vom 12. April 1888 über das Grundbuchwesen und die Zwangsvollstreckung in das unbewegliche Vermögen im Geltungsbereich des Rheinischen Rechts, vom 14. Juni 1893, Gesetz-Samml. S. 185,

das Gesetz, betreffend die Gleichstellung der Notare mit den anderen Beamten bezüglich der Strafen bei Nichtverwendung der tarifmäßigen Stempel vom 28. Mai 1894, Gesetz-Samml. S. 105.

Die in dem Preußischen Gerichtskostengesetz vom 25. Juni 1895 über das Stempelwesen getroffenen Bestimmungen bleiben unberührt.

Soweit in anderen Gesetzen auf Bestimmungen der durch diesen Paragraphen aufgehobenen Gesetze verwiesen ist, treten die entsprechenden Vorschriften dieses Gesetzes an die Stelle.

§ 36.

Schlußbestimmung.

Der Finanzminister ist mit der Ausführung dieses Gesetzes beauftragt.

Urkundlich 2c.

Stempeltarif.

Lfd. Nr.	Gegenstand der Besteuerung	Steuersatz v. H.	Steuersatz M.	Steuersatz Pf.	Berechnung der Stempelabgabe
1.	**Abschriften,** beglaubigte, unter denselben Voraussetzungen wie Zeugnisse, amtliche in Privatsachen, s. diese. Befreit sind Beglaubigungen der Rechtsanwälte im Prozeßverfahren.				
2.	**Abtretung von Rechten.** Beurkundungen über die Abtretung von Rechten sowie Indossamente, sofern nicht nach §. 5 zweiter Absatz des Reichsstempelgesetzes vom 27. April 1894 (R. G. Bl. S. 381) Stempelfreiheit eintritt, oder die Bestimmungen der Tarifstelle „Kauf- und Tauschverträge" fünfter bis einschließlich zehnter Absatz zur Anwendung kommen	1/50	—	—	des Werthes der Gegenleistung oder, wenn eine solche in der Urkunde nicht enthalten ist, des Geldbetrages oder des Werthes des abgetretenen Rechts;

Zu Tarif-No. 1.

Durch die Beglaubigung einer Abschrift wird die Uebereinstimmung ihres Inhalts mit dem des Originals amtlich bezeugt. Beglaubigungen sind daher amtliche Zeugnisse. Mot. S. 26.

Die in Tarifstelle 77 vorgesehenen Befreiungen kommen auch hier zur Anwendung. K.B. S. 4.

Der Antrag, gesetzlich festzulegen, daß die Beglaubigung der Abschrift niemals einen höheren Stempel tragen dürfe, als die Urkunde selber, wurde in der Kommission abgelehnt. K.B. S. 5.

Vgl. §. 12a d. G. — Tarif: Schuldverschreibungen. — Gpp. V. S. 546 ff., 572 ff.

Zu Tarif-No. 2.

Die betreffenden Bestimmungen d. R.St.G. lauten:

§. 5. Die der Reichsstempelsteuer unterworfenen Werthpapiere unterliegen in den einzelnen Bundesstaaten keiner weiteren Stempelabgabe (Taxe, Sportel u. s. w.).

Lfd. Nr.	Gegenstand der Besteuerung	Steuersatz v. H.	M.	Pf.	Berechnung der Stempelabgabe
Noch 2.	mindestens aber	—	1	—	
	ist der Werth des abgetretenen Rechtes nicht schätzbar	—	5	—	
	Befreit sind Beurkundungen der Uebertragungen der Konnossemente der Seeschiffer, Ladescheine der Frachtführer und Auslieferungsscheine (Lagerscheine, warrants) über Waaren oder andere bewegliche Sachen durch Indossament.				
	Schriftliche Benachrichtigungen an den Verpflichteten über die erfolgte Abtretung eines Rechtes sind, wenn nicht eine mit dem tarifmäßigen Stempel versehene Abtretungsurkunde vorliegt, wie Beurkundungen der Abtretung zu versteuern,				

Auch ist von der Umschreibung solcher Werthpapiere in den Büchern und Registern der Gesellschaft etc., sowie von den auf die Werthpapiere selbst gesetzten Uebertragungsvermerken (Indossamenten, Cessionen u. s. w.) eine Abgabe nicht zu entrichten.

Für Aktien und für Schuldverschreibungen der in der Tarifnummer 2 und 3 des Reichsstempelgesetzes vom 27. April 1894 erwähnten Art kommt der Landesstempel nur noch insoweit in Betracht, als sie vor dem 1. Oktober 1891 ausgestellt sind. Mot. S. 28.

Die Stempelpflichtigkeit von schriftlichen Anträgen auf Umschreibung von Namenaktien im Aktienbuch beschränkt sich auch auf die vor dem 1. Oktober 1881 ausgegebenen Aktien. Mot. S. 28.

Die Anrechnung hat auch ohne Antrag der Parteien zu erfolgen wenn die gesetzlichen Voraussetzungen vorliegen. K.B. S. 12.

Vgl. §. 1, Abs. 3 d. Ges. — Tarif No. 8, letzter Abs. und Abs. 2. Tarif: Pachtverträge. — Art. 302 ff. H.G.B. — §§. 413 ff. I 11 A.L.R. — Epp. V, S. 626.

Lfd Nr.	Gegenstand der Besteuerung	Steuersatz v. H.	M.	Pf.	Berechnung der Stempelabgabe
Noch 2.	sofern nach der Verkehrssitte über die Abtretung eine förmliche Urkunde errichtet zu werden pflegt und beabsichtigt ist, durch die schriftliche Benachrichtigung die Aufnahme einer solchen Urkunde zu ersetzen. Dem Stempel für Abtretungen unterliegen auch Anträge auf Umschreibung vor dem 1. Oktober 1881 ausgestellter Namenaktien im Aktienbuche, falls nicht eine mit dem tarifmäßigen Stempel versehene Abtretungsurkunde errichtet ist.				
	Der Antrag auf Eintragung der Abtretung einer Hypothek oder Grundschuld im Grundbuche oder in einem für solche Eintragungen bestimmten öffentlichen Buche . .	1/50	—	—	des Betrages der Hypothek oder Grundschuld;
	mindestens aber	—	1	—	
	Die Abgabe wird nur erhoben, falls die beantragte Eintragung in den Grund- oder öffentlichen Büchern vermerkt worden ist.				
	Die Abgabe wird nicht erhoben, wenn bei der Anbringung des Antrages oder innerhalb einer mit dem Tage der Zustellung der Aufforderung zur Zahlung der Gerichtskosten beginnenden Frist von zwei Wochen die Urkunde über die dem Antrage zu Grunde liegende Ab-				

Lfd. Nr.	Gegenstand der Besteuerung	Steuersatz v. H.	M.	Pf.	Berechnung der Stempelabgabe
Noch 2.	tretung in Urschrift, Ausfertigung oder beglaubigter Abschrift vorgelegt wird. Als eine solche Urkunde ist nur diejenige anzusehen, welche die Abtretung so enthält, wie sie unter den Betheiligten hinsichtlich des Werthes der Gegenleistung verabredet ist. Betrifft der Antrag eine Hypothek oder Grundschuld, für welche mehrere Grundstücke haften, so wird die Abgabe nur einmal erhoben. Wird nach Entrichtung der Abgabe die Urkunde über das der Eintragung zu Grunde liegende Geschäft errichtet, so ist auf den zu dieser Urkunde erforderlichen Stempel der für den Eintragungsantrag gezahlte Stempel anzurechnen. Ausgeschlossen von der Anrechnung bleibt derjenige Stempelbetrag, welcher zu dem Eintragungsantrage erforderlich gewesen sein würde, wenn derselbe nicht dem Werthstempel unterlegen hätte. Die Anrechnung ist innerhalb der im §. 16 angegebenen Fristen auf der Urkunde amtlich zu vermerken. Befreit sind: Urkunden, wodurch eine Forderung einem Kommunalverbande,				

Lfd. Nr.	Gegenstand der Besteuerung	Steuersatz v. H.	M.	Pf.	Berechnung der Stempelabgabe
Noch 2.	einer Kommune oder einer Korporation ländlicher oder städtischer Grundbesitzer oder einer Grund-, Kredit- und Hypothekenbank abgetreten wird, falls auf Grund der Abtretung reichsstempelpflichtige Renten- oder Schuldverschreibungen demnächst ausgereicht werden.				
3.	**Aftermieth- oder Afterpachtverträge,** s. Pachtverträge.				
4.	**Annahme an Kindesstatt,** Verträge darüber . . . . Bei nachgewiesener Bedürftigkeit kann der Stempel auf 5 Mark ermäßigt werden.	—	50	—	
5.	**Antichretische Verträge,** s. Pachtverträge.				
6.	**Apotheken,** s. Erlaubnißertheilungen, Buchstaben a.				
7.	**Approbationsscheine,** s. Erlaubnißertheilungen, Buchstaben b.				
8.	**Auflassungen** von inländischen Grundstücken, Bergwerken, unbeweg-				

Zu Tarif-No. 4.
Vgl. Tarif: Standeserhöhungen. — Epp. V, S. 553.

Zu Tarif-No. 5.
Vgl. Epp. V. S. 553, S. 9.

Zu Tarif-No. 8.
Die Stempelpflichtigkeit der Auflassungen von Bergwerken ist nicht auf „verliehene“ Bergwerke beschränkt. Mot. S. 29.

Lfd. Nr.	Gegenstand der Besteuerung	Steuersatz v. H.	M.	Pf.	Berechnung der Stempelabgabe
Noch 8.	lichen Bergwerksantheilen oder selbständigen Gerechtigkeiten im Geltungsgebiet der Grundbuchordnung vom 5. Mai 1872 sowie Umschreibungen von inländischen Immobilien in öffentlichen Büchern (Transscriptions-, Stockbücher, Schuld- und Pfandprotokolle u.s.w.) auf den Namen eines neuen Eigenthümers in denjenigen Landestheilen, in welchen die Grundbuchordnung vom 5. Mai 1872 nicht eingeführt ist, in Fällen der freiwilligen Veräußerung	1	—	—	des Werthes des veräußerten Gegenstandes;
	Die Abgabe wird nur erhoben, falls der Eigenthumsübergang in den Grund- oder öffentlichen Büchern vermerkt worden ist. Einem anderen Stempel unterliegen die Auflassungserklärungen oder Umschreibungsanträge nicht.				

Das Gesetz vom 5. Mai 1872 gilt, abgesehen von der Insel Helgoland, in der ganzen Monarchie mit Ausnahme der Gebietstheile des vormaligen Herzogthums Nassau, der vormals Großherzoglich Hessischen Gebietstheile mit Ausschluß des Oberamtsbezirks Meisenheim, des Gebiets der vormaligen freien Stadt Frankfurt und des vormaligen Herzogthums Lauenburg. Mot. S. 29.

Auflassungen auf Grund einer nicht beurkundeten Schenkung unterliegen nur dem Auflassungsstempel. K.B. S. 13—14.

Unter Veräußerungsgeschäft sind hier auch Einbringungen von Gegenständen in Gesellschaftsverträgen gemeint, so daß also, wenn Gegenstände eingebracht sind und ein Vertrag darüber aufgenommen und ordnungsmäßig verstempelt ist — bei Immobilien mit einprozentigem Stempel —, dann für die Auflassung nicht etwa noch 1 Prozent Auf-

Lfd. Nr.	Gegenstand der Besteuerung	Steuersatz v. H.	M.	Pf.	Berechnung der Stempelabgabe
Noch 8.	Die Auflassungserklärung und der Umschreibungsantrag sind dem Werthstempel nicht unterworfen, wenn mit der Verlautbarung oder mit der Einreichung derselben oder innerhalb einer mit dem Tage der Zustellung der Aufforderung zur Zahlung der Gerichtskosten beginnenden Frist von zwei Wochen die das Veräußerungsgeschäft enthaltende, in an sich stempelpflichtiger Form ausgestellte Urkunde in Urschrift, Ausfertigung oder beglaubigter Abschrift vorgelegt wird. Wenn jedoch diese Urkunde auf Grund des §. 18 des Reichsstempelgesetzes vom 27. April 1894 (R. G. Bl. S. 381) der in der Tarifstelle „Kauf- und Tauschverträge" verordneten Stempelabgabe nicht unterliegt, so ist der Werthstempel für Auflassungen oder Umschreibungen zu entrichten, insoweit				

lassungsstempel erhoben wird, mit anderen Worten, daß Einbringung von Gegenständen in Gesellschaften ein Veräußerungsgeschäft im Sinne dieser Position ist. A.H. S. 2266.

Nach dem §. 18 des Reichsstempelgesetzes vom 27. April 1894 (R.-G.Bl. S. 381) sind reichsstempelpflichtige Anschaffungsgeschäfte von jedem Landesstempel befreit, so daß die Veräußerung eines Gegenstandes, bei welcher die Gegenleistung durch Hingabe reichsstempelpflichtiger Werthpapiere ausbedungen ist, der Landesstempelabgabe entzogen bleibt. Diese Vorschrift kann also die Folge haben, daß bei Veräußerungsgeschäften von Immobilien, sofern der Preis durch Aktien oder sonstige reichsstempelpflichtige Werthpapiere bezahlt wird, der Stempelpflicht dadurch genügt wird, daß an Stelle des Landesstempels von 1 vom Hundert nach Tarifstelle 4a Ziffer 2 des Reichsstempeltarifes

Lfd. Nr.	Gegenstand der Besteuerung	Steuersatz v. H.	M.	Pf.	Berechnung der Stempelabgabe
Noch 8.	nicht die Voraussetzungen der Ziffer 1 und 2 der Ermäßigungen und Befreiungen der genannten Tarifstelle vorhanden sind. Als eine das Veräußerungsgeschäft enthaltende Urkunde ist nur eine solche anzusehen, welche das Rechtsgeschäft so enthält, wie es unter den Betheiligten hinsichtlich des Werthes der Gegenleistung verabredet ist. Wird nach der Zahlung der für Auflassungen und Umschreibungen vorgeschriebenen Abgabe die Urkunde über das der Auflassung oder der Umschreibung zu Grunde liegende Veräußerungsgeschäft errichtet, so ist auf den zu dieser Urkunde erforderlichen Werthstempel der von der Auflassungserklärung oder dem Umschreibungsantrage gezahlte Stempelbetrag anzurechnen. Die Anrechnung ist innerhalb der im §. 16 angegebenen Fristen auf der Urkunde amtlich zu vermerken.				

der Anschaffungsstempel von $^{2}/_{10}$ vom Tausend tritt. Dieser in der Praxis schon hier und da bemerkbar gewordenen Umgehung des Landesstempels soll vorgebeugt werden. Für Kauf- und Tauschverträge zwischen Theilnehmern an einer Erbschaft, sowie für Veräußerungsverträge zwischen Ascendenten und Descendenten wird eine Mehrbelastung nicht herbeigeführt, da der Antrag auf die Ziffer 1 und 2 der Ermäßigungen und Befreiungen der Tarifstelle 32 ausdrücklich Bezug nimmt. K.B. S. 14.

Vgl. §. 17, Abs. 3 d. G. — Tarif-No. 2, Abs. 5 und vorletzter Abs.

Lfd. Nr.	Gegenstand der Besteuerung	Steuersatz v. H.	M.	Pf.	Berechnung der Stempelabgabe
9.	**Auktionen**, d. h. Beurkundungen von Versteigerungen nicht zu den unbeweglichen Sachen gehöriger Gegenstände durch öffentliche Beamte, sofern diese nicht als Vertreter der Korporation, in deren Dienst sie angestellt sind, handeln, oder durch gewerbsmäßige Auktionatoren (§. 36 der Gewerbeordnung)	1/3	—	—	des Gesammterlöses nach Abzug der Kosten.
10.	**Ausfertigungen** von Schriftstücken der Behörden und Beamten, einschließlich der Notare, jedoch mit				

Zu Tarif-No. 9.

Die betreffende Bestimmung der Gew.-O. lautet:

§. 36. **Das Gewerbe der .... Auktionatoren .... darf zwar frei betrieben werden, es bleiben jedoch die verfassungsmässig dazu befugten Staats- oder Kommunalbehörden oder Korporationen auch ferner berechtigt, Personen, welche diese Gewerbe betreiben wollen, auf die Beobachtung der bestehenden Vorschriften zu beeidigen und öffentlich anzustellen.**

Der innere Grund des Auktionsstempels ist der, daß zwischen Käufer und Verkäufer eine Mittelperson tritt, welche die Parteien zur Einigung über das Rechtsgeschäft veranlaßt, die erfolgte Einigung niederschreibt und durch seine Unterschrift gewissermaßen beglaubigt. K.B. S. 17, A.H. S. 2267.

Die von Maklern vorgenommenen Auktionen kommen bei dieser Tarifstelle nicht in Frage, wohl aber die von Notaren vorgenommenen. K.B. S. 18.

Bekommt z. B. ein Auktionator von drei Personen den Auftrag, Sachen zu je 100 Mark zu verauktioniren, so braucht er nur drei verschiedene Protokolle aufzunehmen, dann ist jedes einzelne Protokoll stempelfrei. H.H. S. 357.

Vgl. §. 13c. d. G. — Gpp. V, S. 231, 600.

Lfd. Nr.	Gegenstand der Besteuerung	Steuersatz v. H.	M.	Pf.	Berechnung der Stempelabgabe
Noch 10.	Ausnahme der Ausfertigungen der Schiedsmänner, sofern für die Schriftstücke nicht ein durch diesen Tarif bestimmter Stempel zu entrichten ist	—	1	50	
	Befreit sind Ausfertigungen:				
	a) von Bescheiden auf Gesuche, Anfragen und Anträge in Privatangelegenheiten, sie mögen in Form eines Antwortschreibens, einer Verfügung, Verfügungsabschrift oder einer auf die zurückgehende Bittschrift selbst gesetzten Verfügung erlassen werden;				
	b) von Genehmigungen der zuständigen Behörden in Bausachen.				

Zu Tarif-No. 10.

Die betreffende Bestimmung der, soweit sie sich auf die Stempelsteuer bezieht, jetzt aufgehobenen Schiedsm.-O. v. 29. 3. 79 lautet:

§. 40. Die Verfügungen, Verhandlungen und Ausfertigungen des Schiedsmanns sind kosten- und stempelfrei.

Die Stempelfreiheit der Verhandlungen erstreckt sich nicht:

1. auf Rechtsgeschäfte, welche an sich stempelpflichtig sind und als ein Bestandtheil des Vergleichs in den letzteren aufgenommen werden;
2. auf Vergleiche, durch welche ein unter den Parteien bisher nicht in stempelpflichtiger Form zu Stande gekommenes Rechtsgeschäft anerkannt, oder im Wesentlichen aufrecht-erhalten wird.

Lfd. Nr.	Gegenstand der Besteuerung	Steuersatz v. H.	M.	Pf.	Berechnung der Stempelabgabe
11.	**Auszüge** aus den Akten, öffentlichen Verhandlungen, amtlich geführten Büchern, Registern und Rechnungen, wenn sie für Privatpersonen auf ihr Ansuchen ausgefertigt werden . .	—	1	50	
	Befreit sind die auf den Personenstand (Geburten, Heirathen, Sterbefälle u. s. w.) bezüglichen Auszüge aus amtlich geführten Büchern und Standesregistern.				
12.	**Bestallungen** für besoldete Beamte	—	1	50	
	für unbesoldete Beamte . . . . frei.				
13.	**Bürgschaften,** s. Sicherstellung von Rechten.				

Die Stempelpflicht ist auf Ausfertigungen von bereits vorhandenen Schriftstücken eingeschränkt, Steuerfreiheit mithin in allen denjenigen Fällen gewährt, in denen es an einer Urkunde fehlt, von welcher die amtliche Ausfertigung entnommen ist. Mot. S. 31, A.H. S. 2269.

Die Bestimmung, daß alle Urkunden bis zum Werthe von 150 Mk. frei sind, bezieht sich auch auf Ausfertigungen. A.H. S. 2269.

Vgl. §. 12a. d. G. — §. 6 d. Kommunal-Abg.-Ges. v. 14. 7. 93 — Gpp. V, S. 600.

Zu Tarif-No. 11.

An dem bestehenden Zustande, nach welchem alle nicht besonders befreiten amtlichen Auszüge stempelpflichtig sind, ist nichts geändert; insbesondere sind auch alle Verhandlungen, die sich auf die Fortschreibung der Grundsteuer und Gebäudesteuer beziehen, und die Abschriften und Auszüge aus denselben frei. K.B. S. 19, A.H. S. 2270.

Vgl. §§. 4f, 12a d. G. — Gpp. V, S. 614.

Zu Tarif-No. 12.
Vgl. Gpp. V, S. 615.

Zu Tarif-No. 13.
Vgl. Gpp. V, S. 620.

Lfd. Nr.	Gegenstand der Besteuerung	Steuersatz v. H.	M.	Pf.	Berechnung der Stempelabgabe
14.	**Cessions-Instrumente**, s. Abtretung von Rechten.				
15.	**Consense** zur Uebernahme einer Vormundschaft seitens eines Beamten oder einer Militärperson . . . . frei.				
16.	**Duplikate** von stempelpflichtigen Urkunden	—	1	50	
	jedoch nicht über den zu der stempelpflichtigen Urkunde selbst erforderlichen Stempel hinaus.				
17.	**Eheversprechen**	—	1	50	
18.	**Eheverträge**	—	5	—	
	wird durch dieselben über Vermögensgegenstände von nicht mehr als 6000 Mark verfügt	—	1	50	
19.	**Entlassungen aus der väterlichen Gewalt**, Beurkundungen derselben (Emanzipationserklärungen) . . .	—	10	—	

Zu Tarif-No. 16.
Vgl. §. 9, Abs. 1 d. G. — Gpp. V, S. 637.

Zu Tarif-No. 17.
Vgl. Gpp. V, S. 637.

Zu Tarif-No. 18.
Vgl. Gpp. V, S. 637.

Zu Tarif-No. 19.
Vgl. Gpp. V, S. 639.

Lfd. Nr.	Gegenstand der Besteuerung	Steuersatz v. H.	M.	Pf.	Berechnung der Stempelabgabe
20.	**Erbrecesse** (Erbtheilungsverträge), durch welche die Vertheilung einer erbschaftssteuerpflichtigen Erbschaft beurkundet wird	1/25	—	—	des Werthes des Reinnachlasses, soweit über denselben im Erbreceß verfügt ist.
	jedoch mindestens	—	1	50	
	Erbrecesse über erbschaftssteuerfreie Erbschaften	—	1	50	
21.	**Erbverträge**	—	1	50	
22.	**Erlaubnißertheilungen** (Approbationen, Konzessionen, Genehmigungen u. s. w.) der Behörden in gewerbepolizeilichen Angelegenheiten:				
	a) Konzessionen:				
	zum Betriebe einer Apotheke, wenn die Konzession vererblich und veräußerlich ist	1/2	—	—	des Werthes der Konzession.
	mindestens aber	—	50	—	
	sonst	—	50	—	
	zur Errichtung einer Zweig- (Filial-) Apotheke	—	5	—	

Zu Tarif-No. 20.

Bei der Berechnung des Stempels sollten diejenigen Theile des Reinnachlasses, über die in der Regreßurkunde keine Bestimmung getroffen ist, außer Betracht bleiben; auch soll nur die reine zur Vertheilung kommende Aktivmasse nach Abzug der vorhandenen Schulden zu Grunde gelegt werden. K.B. S. 22—23.

Vgl. R.G. i. C.S. Bd. 23 S. 193 — Gpp. V, S. 639.

Zu Tarif-No. 22a.

Die betreffenden Bestimmungen der Gew.-O. lauten:

§. 1. Der Betrieb eines Gewerbes ist Jedermann gestattet, soweit nicht durch dieses Gesetz Ausnahmen oder Beschränkungen vorgeschrieben oder zugelassen sind.

Lfd. Nr.	Gegenstand der Besteuerung	Steuersatz v. H.	M.	Pf.	Berechnung der Stempelabgabe
Noch 22.	zur Verlegung einer Apotheke auf Antrag des Besitzers	—	10	—	
	Befreit sind die vererblichen und veräußerlichen Konzessionen für diejenigen, welche dieselben erbschaftssteuerfrei ererbt haben.				
	Außerdem findet die Bestimmung unter Ziffer 2 Ermäßigungen und Befreiungen der Tarifstelle „Kauf- und Tauschverträge" sinngemäße Anwendung.				

§. 6. Das gegenwärtige Gesetz findet keine Anwendung auf die . . . Errichtung und Verlegung von Apotheken, . . . den Gewerbebetrieb der Auswanderungsunternehmer und Auswanderungsagenten, der Versicherungsunternehmer und der Eisenbahnunternehmungen, die Befugniss zum Halten öffentlicher Fähren und die Rechtsverhältnisse der Schiffsmannschaften auf den Seeschiffen. — Auf das Bergwesen, die Ausübung der Heilkunde, den Verkauf von Arzneimitteln, . . . findet das gegenwärtige Gesetz nur insoweit Anwendung, als dasselbe ausdrückliche Bestimmungen darüber enthält.

Durch Kaiserliche Verordnung wird bestimmt, welche Apothekerwaaren dem freien Verkehr zu überlassen sind.

Eine gewerbepolizeiliche Genehmigung ist die nothwendige Voraussetzung der ganzen Tarifnummer. K.B. S. 24.

Selbstständige Nebenapotheken sollen wie Filialapotheken behandelt werden; die einzelnen Aerzten ertheilte Erlaubniß zur Führung von Hausapotheken ist stempelfrei. K.B. S. 25.

In Fällen der Verlegung einer Apotheke auf Anordnung der Aufsichtsbehörde ist von einem Stempel abgesehen. Mot. S. 34.

Vererbliche und veräußerliche Konzessionen werden in Zukunft nicht mehr ertheilt. K.B. S. 25.

Vgl. Kais. V., betreff. den Verkehr mit Arzeneimitteln, vom 27. 1. 90 (R.G.Bl. S. 91). — Erl. d. Min. d. geistl. 2c. Angel. vom 24. 2. 92 (M. Bl. d. i. V. S. 190). — Kab.-O. v. 30. 6. 94 (M. Bl. d. i. V. S. 119).

Lfd. Nr.	Gegenstand der Besteuerung	Steuersatz v. H.	M.	Pf.	Berechnung der Stempelabgabe
Noch 22.	b) Approbationen für:				
	Apotheker	—	1	50	
	diejenigen Personen, welche sich als Aerzte (Wundärzte, Augenärzte, Geburtshelfer, Zahnärzte und Thierärzte) oder mit gleichbedeutenden Titeln bezeichnen oder seitens des Staates oder einer Gemeinde als solche anerkannt oder mit amtlichen Funktionen betraut werden sollen	—	1	50	
	(§. 29 der Gewerbeordnung für das Deutsche Reich vom 1. Juli 1883 — R. G. Bl. S. 177);				
	c) Erlaubnißertheilungen für Unternehmer von Privat-Kranken-, Privat-Entbindungs-				

Zu Tarif-No 22b.

Die betreffende Bestimmung der Gew.-O. lautet:

§. 29. Einer Approbation, welche auf Grund eines Nachweises der Befähigung ertheilt wird, bedürfen Apotheker und diejenigen Personen, welche sich als Aerzte (Wundärzte, Augenärzte, Geburtshelfer, Zahnärzte, und Thierärzte) oder mit gleichbedeutenden Titeln bezeichnen oder seitens des Staates oder einer Gemeinde als solche anerkannt oder mit amtlichen Funktionen betraut werden sollen.

Vgl. Gew.-O. §§. 40, 53, 143.

Zu Tarif-No. 22c.

Die betreffenden Bestimmungen der Gew.-O. lauten:

§. 30. Unternehmer von Privat-Kranken-, Privat-Entbindungs- und Privat-Irrenanstalten bedürfen einer Konçession der höheren Verwaltungsbehörde.

Lfd. Nr.	Gegenstand der Besteuerung	Steuersatz v. H.	M.	Pf.	Berechnung der Stempelabgabe
Noch 22.	und Privat-Irrenanstalten (§. 30 der Reichs-Gewerbeordnung); zum Betriebe des Gewerbes als Schauspielunternehmer (§. 32 der Reichs-Gewerbeordnung); zum ständigen Betriebe der Gastwirthschaft, Schankwirthschaft oder des Kleinhandels mit Branntwein oder Spiritus (§. 33 der Reichs-Gewerbeordnung); zur gewerbsmäßigen öffentlichen Veranstaltung von Singspielen, Gesangs- und deklamatorischen Vorträgen, Schaustellungen von Personen oder theatralischen Vorstellungen ohne höheres Interesse der Kunst oder Wissenschaft in Wirthschafts- oder sonstigen Räumen oder zur Ueberlassung dieser Räume zu gewerbsmäßigen öffentlichen Veranstaltungen der bezeichneten Art (§. 33a der Reichs-Gewerbeordnung),				

§. 32. Schauspielunternehmer bedürfen zum Betriebe ihres Gewerbes der Erlaubniss.

§ 33. Wer Gastwirthschaft, Schankwirthschaft oder Kleinhandel mit Branntwein oder Spiritus betreiben will, bedarf dazu der Erlaubniss.

§. 33a. Wer gewerbsmässig Singspiele, Gesangs- und deklamatorische Vorträge, Schaustellungen von Personen oder theatralische

Lfd. Nr.	Gegenstand der Besteuerung	Steuersatz v. H.	M.	Pf.	Berechnung der Stempelabgabe
Noch 22.	wenn der Gewerbebetrieb				
	wegen geringen Ertrages und Kapitals von der Gewerbesteuer frei ist	—	1	50	
	in die vierte Gewerbesteuerklasse gehört	—	5	—	
	in die dritte Gewerbesteuerklasse gehört	—	15	—	
	in die zweite Gewerbesteuerklasse gehört	—	50	—	
	in die erste Gewerbesteuerklasse gehört	—	100	—	
	Für Bewilligungen von Fristverlängerungen und Fristungen (§. 49 der Reichs-Gewerbeordnung) ein Viertel der vorstehenden Sätze.				

Vorstellungen, ohne dass ein höheres Interesse der Kunst oder Wissenschaft dabei obwaltet, in seinen Wirthschafts- oder sonstigen Räumen öffentlich veranstalten oder zu deren öffentlicher Veranstaltung seine Räume benutzen lassen will, bedarf zum Betriebe dieses Gewerbes der Erlaubniss ohne Rücksicht auf die etwa bereits erwirkte Erlaubniss zum Betriebe des Gewerbes als Schauspielunternehmer.

§. 49. Bei Ertheilung der Genehmigung zu einer Anlage der in den §§. 16 und 24 bezeichneten Arten, imgleichen zur Anlegung von Privat-Kranken-, Privat-Entbindungs- und Privat-Irrenanstalten, zu Schauspielunternehmungen, sowie zum Betriebe der im §. 33 gedachten Gewerbe, kann von der genehmigenden Behörde den Um-

Lfd. Nr.	Gegenstand der Besteuerung	Steuersatz v. H.	M.	Pf.	Berechnung der Stempelabgabe
Noch 22.	Befreit sind Erlaubnißertheilungen für Unternehmer von Privat-Kranken-, Privat-Entbindungs- und Privat-Irrenanstalten, welche zu gemeinnützigen Zwecken dienen;				

---

ständen nach eine Frist festgesetzt werden, binnen welcher die Anlage oder das Unternehmen bei Vermeidung des Erlöschens der Genehmigung begonnen und ausgeführt, und der Gewerbebetrieb angefangen werden muss. Ist eine solche Frist nicht bestimmt, so erlischt die ertheilte Genehmigung, wenn der Inhaber nach Empfang derselben ein ganzes Jahr verstreichen lässt, ohne davon Gebrauch zu machen.

Eine Verlängerung der Frist kann von der Behörde bewilligt werden, sobald erhebliche Gründe nicht entgegenstehen.

Hat der Inhaber einer solchen Genehmigung seinen Gewerbebetrieb während eines Zeitraums von drei Jahren eingestellt, ohne eine Fristung nachgesucht und erhalten zu haben, so erlischt dieselbe.

Für die im §. 16 aufgeführten Anlagen darf die nachgesuchte Fristung so lange nicht versagt werden, als wegen einer durch Erbfall oder Konkurserklärung entstandenen Ungewissheit über das Eigenthum an einer Anlage oder, in Folge höherer Gewalt, der Betrieb entweder gar nicht oder nur mit erheblichem Nachtheile für den Inhaber oder Eigenthümer der Anlage stattfinden kann.

Das Verfahren für die Fristung ist dasselbe, wie für die Genehmigung neuer Anlagen.

Vgl. §. 15, Abs. 2 d. G. — §§. 40, 53, 143 d. Gew.-O. — Zuständ. Ges. v. 1. 8. 83, §§. 114 115a, 115b.

Lfd. Nr.	Gegenstand der Besteuerung	Steuersatz v. H.	M.	Pf.	Berechnung der Stempelabgabe
Noch 22.	d) Genehmigungen zur Errichtung der in §. 16 der Reichs-Gewerbeordnung und den dazu ergangenen und ferner ergehenden Beschlüssen des Bundesraths bezeichneten Anlagen, wenn die Kosten der Anlage 1 000 Mark nicht übersteigen .	—	1	—	

Zu Tarif-No. 22 d.

Die betreffenden Bestimmungen der Gew.-O. lauten:

§. 16. Zur Errichtung von Anlagen, welche durch die örtliche Lage oder die Beschaffenheit der Betriebsstätte für die Besitzer oder Bewohner der benachbarten Grundstücke oder für das Publikum überhaupt erhebliche Nachtheile, Gefahren oder Belästigungen herbeiführen können, ist die Genehmigung der nach den Landesgesetzen zuständigen Behörde erforderlich.

Es gehören dahin:

Schiesspulverfabriken, Anlagen zur Feuerwerkerei und zur Bereitung von Zündstoffen aller Art, Gasbereitungs- und Gasbewahrungsanstalten, Anstalten zur Destillation von Erdöl, Anlagen zur Bereitung von Braunkohlentheer, Steinkohlentheer und Koaks, sofern sie ausserhalb der Gewinnungsorte des Materials errichtet werden, Glas- und Russhütten, Kalk-, Ziegel- und Gypsöfen, Anlagen zur Gewinnung roher Metalle, Röstöfen, Metallgiessereien, sofern sie nicht blosse Tiegelgiessereien sind, Hammerwerke, chemische Fabriken aller Art, Schnellbleichen, Firnisssiedereien, Stärkefabriken, mit Ausnahme der Fabriken zur Bereitung von Kartoffelstärke, Stärkesyrupsfabriken, Wachstuch-, Darmsaiten-Dachpappen- und Dachfilzfabriken, Leim-, Thran- und Seifensiedereien, Knochenbrennereien, Knochendarren, Knochen-

Lfd. Nr.	Gegenstand der Besteuerung	Steuersatz v. H.	M.	Pf.	Berechnung der Stempelabgabe
Noch 22.	5 000 Mark nicht übersteigen .	—	5	—	
	10 000 " " " .	—	10	—	
	20 000 " " " .	—	20	—	
	50 000 " " " .	—	50	—	
	75 000 " " " .	—	75	—	
	100 000 " " " .	—	100	—	

kochereien und Knochenbleichen, Zubereitungsanstalten für Thierhaare, Talgschmelzen, Schlächtereien, Gerbereien, Abdeckereien, Poudretten- und Düngpulverfabriken, Stauanlagen für Wassertriebwerke (§. 23), Hopfen-Schwefeldörren Asphaltkochereien und Pechsiedereien, soweit sie ausserhalb der Gewinnungsorte des Materials errichtet werden, Strohpapierstofffabriken, Darmzubereitungsanstalten, Fabriken, in welchen Dampfkessel oder andere Blechgefässe durch Vernieten hergestellt werden, Kalifabriken und Anstalten zum Imprägniren von Holz mit erhitzten Theerölen Kunstwollefabriken, Anlagen zur Herstellung von Celluloid und Dégrasfabriken, die Fabriken, in welchen Röhren aus Blech durch Vernieten hergestellt werden, sowie die Anlagen zur Erbauung eiserner Schiffe, zur Herstellung eiserner Brücken oder sonstiger eiserner Baukonstruktionen, die Anlagen zur Destillation oder zur Verarbeitung von Theer und von Theerwasser, die Anlagen, in welchen aus Holz oder ähnlichem Fasermaterial auf chemischem Wege Papierstoff hergestellt wird (Cellulosefabriken), die Anlagen, in welchen Albuminpapier hergestellt wird, die Anstalten zum Trocknen und Einsalzen ungegerbter Thierfelle, sowie die Verbleiungs-, Verzinnungs- und Verzinkungsanstalten.

Lfd. Nr.	Gegenstand der Besteuerung	Steuersatz v. H.	M.	Pf.	Berechnung der Stempelabgabe
Noch 22.	bei einem höheren Kostenbetrag für je 50000 Mark mehr 50 Mark. Genehmigungen zu Veränderungen in der Betriebsstätte oder zu wesentlichen Veränderungen in dem Betriebe der Anlagen (§. 25 der Reichs-Gewerbeordnung) die Hälfte der vorstehenden Sätze;				

Das vorstehende Verzeichniss kann, je nach Eintritt oder Wegfall der im Eingang gedachten Voraussetzung, durch Beschluss des Bundesraths, vorbehaltlich der Genehmigung des nächstfolgenden Reichstags, abgeändert werden.

§. 25. Die Genehmigung zu einer der in den §§. 16 und 24 bezeichneten Anlagen bleibt so lange in Kraft, als keine Aenderung in der Lage oder Beschaffenheit der Betriebsstätte vorgenommen wird, und bedarf unter dieser Voraussetzung auch dann, wenn die Anlage an einen neuen Erwerber übergeht, einer Erneuerung nicht. Sobald aber eine Veränderung der Betriebsstätte vorgenommen wird, ist dazu die Genehmigung der zuständigen Behörde nach Massgabe der §§. 17 bis 23 einschliesslich, beziehungsweise des §. 24 nothwendig. Eine gleiche Genehmigung ist erforderlich bei wesentlichen Veränderungen in dem Betriebe einer der im §. 16 genannten Anlagen. Die zuständige Behörde kann jedoch auf Antrag des Unternehmers von der Bekanntmachung (§. 17) Abstand nehmen, wenn sie die Ueberzeugung gewinnt, dass die beabsichtigte Veränderung für die Besitzer oder Bewohner benachbarter Grundstücke oder das Publikum überhaupt neue oder grössere Nachtheile, Gefahren oder Belästigungen, als mit der vorhandenen Anlage verbunden sind, nicht herbeiführen werde.

Diese Bestimmungen finden auch auf gewerbliche Anlagen (§§. 16 und 24) Anwendung, welche bereits vor Erlass dieses Gesetzes bestanden haben.

Lfd. Nr.	Gegenstand der Besteuerung	Steuersatz v. H.	M.	Pf.	Berechnung der Stempelabgabe
Noch 22.	Bewilligungen von Fristverlängerungen und Fristungen (§. 49 der Reichs-Gewerbeordnung) ein Viertel der vorstehenden Sätze;				
	e) Genehmigungen zur Anlegung von Dampfkesseln (§. 24 der Reichs-Gewerbeordnung) oder Aenderung der Dampfkesselanlagen sowie Bewilligungen von Fristverlängerungen und Fristungen, soweit nicht die				

Als Gegenstand der Werthbemessung soll nur der Theil der Anlage angesehen werden, für welche das Gesetz die Konzession vorschreibt, so daß z. B., wenn ein Wohnhaus und eine Kesselschmiede als Gesammtanlage errichtet werden, nur die letztere in Betracht kommt. Desgleichen soll bei Aenderungen nur der Werth dieser, nicht der durch die Aenderung erfolgte Mehrwerth der ganzen Anlage in Rechnung gestellt werden. K.B. S. 30.

Vgl. Zuständ.-Ges. v. 1. 8. 83 §§. 109, 110. — Rund-Erl. d. Min. f. H. und G. u. d. Min. d. J. v. 19. 7. 84 (M.Bl. d. i. V. S. 164). — §. 49 d. Gew.-O. oben bei Buchst. c. —

Zu Tarif-No. 22 e.

Die betreffende Bestimmung der Gew.-O. lautet:

§. 24. Zur Anlegung von Dampfkesseln, dieselben mögen zum Maschinenbetriebe bestimmt sein oder nicht, ist die Genehmigung der nach den Landesgesetzen zuständigen Behörde erforderlich. Dem Gesuche sind die zur Erläuterung erforderlichen Zeichnungen und Beschreibungen beizufügen.

Die Behörde hat die Zulässigkeit der Anlage nach den bestehenden bau-, feuer- und gesundheitspolizeilichen Vorschriften, sowie nach denjenigen allgemeinen polizeilichen Bestimmungen zu prüfen, welche von dem Bundesrath über die Anlegung von Dampfkesseln

Lfd. Nr.	Gegenstand der Besteuerung	Steuersatz v. H.	M.	Pf.	Berechnung der Stempelabgabe
Noch 22.	Bestimmungen zu d zur Anwendung kommen, (§§. 25 und 49 der Reichs-Gewerbeordnung)	—	1	50	

erlassen werden. Sie hat nach dem Befunde die Genehmigung entweder zu versagen, oder unbedingt zu ertheilen, oder endlich bei Ertheilung derselben die erforderlichen Vorkehrungen und Einrichtungen vorzuschreiben.

Bevor der Kessel in Betrieb genommen wird, ist zu untersuchen, ob die Ausführung den Bestimmungen der ertheilten Genehmigung entspricht. Wer vor dem Empfange der hierüber auszufertigenden Bescheinigung den Betrieb beginnt, hat die im §. 147 angedrohte Strafe verwirkt.

Die vorstehenden Bestimmungen gelten auch für bewegliche Dampfkessel.

Für den Rekurs und das Verfahren über denselben gelten die Vorschriften der §§. 20 und 21.

In dem Falle, in welchem es sich um Aenderung einer bereits genehmigten Anlage durch Errichtung einer Dampfkesselanlage handelt, soll die Konzessionsurkunde maßgebend sein; wird aber die Anlegung eines Dampfkessels für einen schon bestehenden Betrieb genehmigt, so kommt Buchst. e zur Anwendung; ist aber mit der Dampfkesselanlage eine Aenderung der schon früher konzessionirten Hauptanlage verbunden und wird diese Aenderung genehmigt, so soll Buchst. d, Absatz 2 Platz greifen, weil die Konzession für die Kesselanlage in der Hauptkonzession enthalten ist und nicht besonders ausgestellt wird. Es findet eine besondere Konzessionirung der Dampfkessel auch dann nicht statt, wenn eine an sich konzessionspflichtige Anlage der Behörde zur Genehmigung neu vorgelegt wird, sondern es wird auch in diesem Falle nur eine einzige Konzessionsurkunde über die gesammte Anlage ausgestellt. K.B. S. 31.

Vgl. Rund-Erl. v. 19. 7. 84, §§. 49 bis 51. — Gew.-O. §§. 25, 49 (vgl. oben Buchst. c und d).

Lfd. Nr.	Gegenstand der Besteuerung	Steuersatz v. H.	M.	Pf.	Berechnung der Stempelabgabe
Noch 22.	f) Erlaubnißertheilungen zum Betriebe des Pfandleihgeschäfts (§. 34 der Reichs-Gewerbeordnung) .	—	15	—	
	g) Genehmigungen für Unternehmer von Versicherungsanstalten, wenn ihr Geschäftsgebiet nicht über den Umfang einer Provinz hinausgeht	—	20	—	
	sonst	—	100	—	
	Befreit sind Genehmigungen für Versicherungsanstalten, deren Geschäftsgebiet über den Umfang eines Kreises nicht hinausgeht, sowie für solche Anstalten, welche auf Gegenseitigkeit gegründet und deren Zwecke nicht auf die Erzielung von Gewinn gerichtet sind;				

Zu Tarif-No. 22 f.

Die betreffende Bestimmung der Gew.-O. lautet:

§. 34. Wer das Geschäft eines Pfandleihers betreiben will, bedarf dazu der Erlaubniss.

Vgl. §. 40 d. Gew.-O. — §. 114 d. Zuständ.-Ges. v. 1. 8. 83 — Erl. d. Min. d. J. v. 21. 9. 79 (M.Bl.d.i.V. S. 253).

Zu Tarif-No. 22 g.

Genehmigungen von Statutenänderungen dieser Anstalten sind nicht stempelpflichtig. K.B. S. 33.

Vgl. Gew.-O. §. 6 oben bei Buchst. a — §§. 1 und 2 d. G., betr. den Geschäftsverkehr der Versicherungsanstalten v. 17. 5. 53 (G.S. S. 293).

Lfd. Nr.	Gegenstand der Besteuerung	Steuersatz v. H.	M.	Pf.	Berechnung der Stempelabgabe
Noch 22.	h) Erlaubnißscheine zur Bestellung von Agenten im Inlande seitens ausländischer Unternehmer von Versicherungsanstalten	—	100	—	
	i) Genehmigungen zum Gewerbebetriebe der Auswanderungsunternehmer und Auswanderungsagenten	—	100	—	
	Genehmigungen auf die Dauer eines Jahres sowie Verlängerungen dieser Genehmigungen . . .	—	25	—	
	k) Erlaubnißertheilungen für ausländische Auswanderungsunternehmer zur Bestellung von Agenten im Inlande	—	100	—	
	l) Genehmigungen zum Betriebe von Privatanschlußbahnen, wenn die Kosten der Anlage				
	1 000 Mark nicht übersteigen .	—	1	—	
	5 000 " " " .	—	5	—	
	10 000 " " " .	—	10	—	

Zu Tarif-No. 22 h.
Es ist die ministerielle Genehmigung gemeint. K.B. S. 33. Vgl. §. 2 d. Ges. v. 17. 5. 53.

Zu Tarif-No. 22 i.
Vgl. Gew.-O. §. 6 oben bei Buchst. a — Ges. v. 17. 5. 53.

Zu Tarif-No. 22 k.
Vgl. §. 7 d. Ges. v. 17. 5. 53.

Zu Tarif-No. 22 l.
Vgl. §. 10 A.L.R. II, 17.

Lfd. Nr.	Gegenstand der Besteuerung	Steuersatz v. H.	M.	Pf.	Berechnung der Stempelabgabe
Noch 22.	20 000 Mark nicht übersteigen .	—	20	—	
	50 000 " " " .	—	50	—	
	75 000 " " " .	—	75	—	
	100 000 " " " .	—	100	—	
	bei einem höheren Kostenbetrage für je 50 000 Mark mehr 50 Mark;				
	Genehmigungen zu Veränderungen in dem Betriebe die Hälfte der vorstehenden Sätze.				
	m) Genehmigungen zum Betriebe eines Eisenbahnunternehmens . . .	—	100	—	
	Genehmigungen zum Betriebe eines Dampfschifffahrts- oder Kleinbahnunternehmens, wenn der Gewerbebetrieb wegen geringen Ertrages und Kapitals von der Gewerbesteuer frei ist	—	3	—	
	in die vierte Gewerbesteuerklasse gehört	—	10	—	
	in die dritte Gewerbesteuerklasse gehört	—	25	—	
	in die zweite Gewerbesteuerklasse gehört	—	60	—	
	in die erste Gewerbesteuerklasse gehört	—	100	—	
	Genehmigungen zu Veränderungen in dem Betriebe die Hälfte der vorstehenden Sätze;				

Lfd. Nr.	Gegenstand der Besteuerung	Steuersatz v. H.	M.	Pf.	Berechnung der Stempelabgabe
Noch 22.	Bewilligungen von Fristverlängerungen und Fristungen ein Viertel der vorstehenden Sätze. Die Bewilligung von Fristverlängerungen und Fristungen, welche durch Naturereignisse oder andere unabwendbare Zufälle verursacht sind, ist stempelfrei.				
	n) Genehmigungen der Ortspolizeibehörden zum Betriebe von Gewerben, welche dem öffentlichen Personen- und Güterverkehr innerhalb der Orte durch sonstige Transportmittel aller Art (Wagen, Gondeln, Sänften, Pferde u. s. w.) dienen (§. 37 der Reichsgewerbeordnung)	—	3 bis 20	—	je nach der Bedeutung des Gewerbes.
	Werden Genehmigungen der bezeichneten Art Personen ertheilt, deren Gewerbebetrieb wegen geringen Ertrages und Kapitals von der Gewerbesteuer frei ist, so beträgt die Stempelabgabe	—	—	50	

Zu Tarif-No. 22 m und 22 n.

Die betreffende Bestimmung der Gew.-O. lautet:

§. 37. Der Regelung durch die Ortspolizeibehörde unterliegt die Unterhaltung des öffentlichen Verkehrs innerhalb der Orte durch Wagen aller Art, Gondeln, Sänften, Pferde und andere Transportmittel, sowie das Gewerbe derjenigen Personen, welche auf öffentlichen Strassen oder Plätzen ihre Dienste anbieten.

Lfd. Nr.	Gegenstand der Besteuerung	Steuersatz v. H.	M.	Pf.	Berechnung der Stempelabgabe
23.	**Familienstiftungen**, wie Fideikommißstiftungen; s. diese.				
24.	**Fideikommißstiftungen**, d. h. alle von Todeswegen oder unter Lebenden getroffenen Anordnungen, kraft deren gewisse Vermögensgegenstände der Familie für immer oder für mehr als zwei Generationen erhalten bleiben sollen . . . . . . Bei Stiftungen unter Lebenden ist der Stempel in der durch §. 16 Buchstaben g dieses Gesetzes vorgeschriebenen Frist von zwei Wochen beizubringen, bei Stiftungen von Todeswegen binnen sechs Monaten nach dem Todesfall. Wegen der Verhaftung für die Entrichtung des Stempels für Stiftungen von Todeswegen kommen die Bestimmungen der §§. 29 und	3	—	—	des Gesammtwerthes der denselben gewidmeten Gegenstände ohne Abzug der Schulden.

Vgl. §. 15 Abs. 2 d. G. — §. 1 d. Ges. über die Eisenbahnunternehmungen v. 3. 11. 38 (G.S. S. 505) — §. 3 d. Ges. über Kleinbahnen und Privatanschlußbahnen v. 28. 7. 92 (G.S. S. 225.)

Zu Tarif-No. 23.

Vgl. Opp. V, S. 650 ff.

Zu Tarif-No. 24.

Die betreffenden Bestimmungen des Erb.St.Ges. lauten:

§. 29. Die Erbschaftssteuer trifft den Erwerber des steuerpflichtigen Anfalles. Für dieselbe haftet die ganze steuerpflichtige Masse (§. 5), aus welcher auch auf Erfordern für die Versteuerung bedingter Anfälle Sicherheit bestellt werden muss (§§. 22 und 23).

Lfd. Nr.	Gegenstand der Besteuerung	Steuersatz v. H.	M.	Pf.	Berechnung der Stempelabgabe
Noch 24.	30 des Gesetzes, betreffend die Erbschaftssteuer vom $\frac{\text{30. Mai 1873}}{\text{19. Mai 1891}}$ zur Anwendung. Bei Fideikommißstiftungen, für welche von dem Stifter ein weiteres Anwachsen des Grundvermögens, sei es durch in Aussicht genommene Zuwendungen freigebiger Art, sei es durch eine angeordnete Zuschlagung von Zinsen zum Kapital vorgesehen worden ist, wird der Werthstempel rücksichtlich des sich nach				

Erben und Miterben sind bis auf Höhe des aus der Erbschaft Empfangenen für die von allen den Nachlass betreffenden Anfällen zu entrichtende Erbschaftssteuer solidarisch verpflichtet.

Hinsichtlich der in diesem Gesetze den Erben und Miterben aufgelegten Verpflichtungen werden Erwerber eines Universalvermächtnisses oder eines Vermächtnisses unter einem Universaltitel den Erben und Miterben gleichgeachtet.

§. 30. Gesetzliche Vertreter und Bevollmächtigte der Erbinteressenten, Testamentsexekutoren und Nachlassverwalter, sowie die Verwalter von Familienstiftungen, dürfen die Erbschaft, einzelne Erbtheile, Vermächtnisse oder Schenkungen, beziehungsweise die Hebungen aus der Familienstiftung, nur nach Berichtigung oder Sicherstellung der darauf treffenden Erbschaftssteuer ausantworten und bleiben im entgegengesetzten Falle für die Steuer verhaftet.

Vgl. Ges. v. 10. 6. 56 (G.S.S. 554) — Ges. v. 23. 3. 57 (G.S. S. 169) — Ges. v. 4. 3. 67 (G.S. S. 362) — Ges. v. 23. 7. 75. (G.S. S. 537) —, Ges. v. 19. 6. 76 (G.S. S. 238) Ges. v. 28. 3. 77 (G.S. S. 111) — Gpp. V, S. 650.

Lfd. Nr.	Gegenstand der Besteuerung	Steuersatz v. H.	M.	Pf.	Berechnung der Stempelabgabe
Noch 24.	und nach ansammelnden Theiles des Stiftungsvermögens nur allmählich von dem Zuwachse nach näherer Bestimmung der Provinzialsteuerbehörde oder, wenn der Stiftungsstempel bei den Gerichtskosten zu vereinnahmen ist, der zuständigen Gerichtsbehörde erhoben. Fideikommißstiftungen, welche ausländische Grundstücke betreffen, sind dem Werthstempel nicht unterworfen. In Betreff der Erhebung des Fideikommißstempels aus Anlaß der Auflösung der Lehnverbände bewendet es bei den bestehenden Bestimmungen.				
25.	**Gesellschaftsverträge**, wenn sie betreffen:				
	a) die Errichtung von Aktiengesellschaften oder Kommanditgesellschaften auf Aktien sowie die Erhöhung des Aktien- oder Grundkapitals solcher Gesellschaften . .	1/50	—	—	des Aktien- oder Grundkapitals oder der Erhöhung dieses Kapitals;
	die Errichtung von Gesellschaften mit beschränkter Haftung, falls das Stammkapital				
	1) 100 000 Mark oder weniger beträgt	1/50	—		des Stammkapitals;

Zu Tarif-No. 25a.

Vgl. Reichsges., betr. die Gesellschaften mit beschränkter Haftung vom 20. 4. 92. R.B.Bl. S. 477 ff.

Lfd. Nr.	Gegenstand der Besteuerung	Steuersatz v. H.	M.	Pf.	Berechnung der Stempelabgabe
Noch 25.	2) mehr als 100 000 Mark, aber nicht mehr als 300 000 Mark beträgt	1/10	—	—	des Stammkapitals;
	3) mehr als 300 000 Mark, aber nicht mehr als 500 000 Mark beträgt	1/2	—	—	wie vor;
	4) mehr als 500 000 Mark beträgt	1	—	—	wie vor;
	die Erhöhung des Stammkapitals von Gesellschaften mit beschränkter Haftung, falls dasselbe nach der Erhöhung 1) nicht mehr als 100 000 Mark beträgt	1/50	—	—	des Betrages, um den das Stammkapital erhöht ist;
	2) mehr als 100 000 Mark, aber nicht mehr als 300 000 Mark beträgt	1/10	—	—	wie vor;
	3) mehr als 300 000 Mark, aber nicht mehr als 500 000 Mark beträgt	1/2	—	—	wie vor;
	4) mehr als 500 000 Mark beträgt	1	—	—	wie vor;
	Wenn jedoch die Zwecke der vorbezeichneten Gesellschaften nicht auf den Gewinn der Theilnehmer gerichtet sind	—	1	50	
	Beschlüsse über die Erhöhung des Aktien-, Grund- oder Stammkapitals (Nachschüsse) sind wie Verträge hierüber zu versteuern.				
	Wird das Kapital nicht sofort voll eingezahlt, so ist der Werthstempel von der jedesmaligen Theilzahlung zu entrichten;				

Lfd. Nr.	Gegenstand der Besteuerung	Steuersatz v. H.	M.	Pf.	Berechnung der Stempelabgabe
Noch 25.	b) die Errichtung einer Kommanditgesellschaft oder offenen Handelsgesellschaft sowie Verabredungen über den Eintritt eines neuen Kommanditisten oder Gesellschafters in diese Gesellschaften oder über die Erhöhung der gemachten Einlage	—	1	50	des Entgelts einschließlich der auf der Einlage ruhenden, auf die Gesellschaft übergehenden Passiva und des Werthes aller sonstigen ausbedungenen Leistungen und vorbehaltenen Nutzungen oder, wenn das Entgelt aus dem Vertrage nicht hervorgeht, des Werthes des eingebrachten Vermögens;
	c) das Einbringen von nicht in Geld bestehendem Vermögen in eine Gesellschaft der unter a bezeichneten Art bei Errichtung derselben oder in eine bereits bestehende Gesellschaft dieser Art, insoweit zu dem eingebrachten Vermögen unbewegliche im Inlande belegene Sachen oder diesen gleichgeachtete Rechte gehören	1	—	—	

Zu Tarif-No. 25c.

Dadurch, daß bei Position c gewisse Arten von Gesellschaften nicht angeführt sind, soll zum Ausdruck gebracht werden, daß sie einen Stempel bei Einbringung in die Gesellschaft nicht zu tragen haben. A.H. S. 2317.

Lfd. Nr.	Gegenstand der Besteuerung	Steuersatz v. H.	M.	Pf.	Berechnung der Stempelabgabe
Noch 25.	insoweit zu dem eingebrachten Vermögen unbewegliche außerhalb Landes belegene Sachen oder diesen gleichgeachtete Rechte gehören	—	1	50	
	insoweit das eingebrachte Vermögen aus beweglichen Vermögensgegenständen besteht . . .	1/3	—	—	des Entgelts einschließlich des Werthes der ausbedungenen Leistungen und vorbehaltenen Nutzungen oder, wenn das Entgelt nicht aus dem Vertrage hervorgeht, des Werthes des eingebrachten Vermögens;
	insoweit das eingebrachte Vermögen aus Forderungsrechten besteht	1/50	—	—	des Werthes der Forderungen;
	Auf den Werthstempel kommt der nach den Vorschriften unter a dieser Tarifstelle zu berechnende Werthstempel in Anrechnung, wenn das Einbringen des Vermögens in die Gesellschaft zugleich mit deren Errichtung oder mit der Erhöhung des Gesellschaftsvermögens beurkundet wird.				

Lfd. Nr.	Gegenstand der Besteuerung	Steuersatz v. H.	M.	Pf.	Berechnung der Stempelabgabe
Noch 25.	Befreit ist das Einbringen von Nachlaßgegenständen in eine ausschließlich von den Theilnehmern an einer Erbschaft gebildete Gesellschaft mit beschränkter Haftung. Zu den Theilnehmern einer Erbschaft wird auch der überlebende Ehegatte gerechnet, welcher mit den Erben des verstorbenen Ehegatten gütergemeinschaftliches Vermögen zu theilen hat;				
	d) die Ueberlassung der Rechte an dem Gesellschaftsvermögen seitens eines Gesellschafters oder dessen Erben an einen anderen Gesellschafter, die Gesellschaft oder einen Dritten oder die Abfindung eines Gesellschafters bei Auflösung der Gesellschaft	1/50	—	—	des Werthes der Gegenleistung oder, wenn eine solche in der Urkunde nicht enthalten ist, des Werthes der überlassenen Rechte;
	die Ueberlassung von Sachen oder Rechten seitens der Gesellschaft zum Sondereigenthum an einen Gesellschafter oder dessen Erben, insoweit zu dem überlassenen Gesellschaftsvermögen unbewegliche im Inlande belegene Sachen oder diesen gleichgeachtete Rechte gehören	1	—	—	des Entgelts einschließlich des Werthes der ausbedungenen Leistungen und vorbehaltenen Nutzungen oder, wenn das Entgelt nicht aus dem Vertrage hervorgeht, des Werthes der überlassenen Rechte;

Lfd. Nr.	Gegenstand der Besteuerung	Steuersatz v. H.	M.	Pf.	Berechnung der Stempelabgabe
Noch 25.	insoweit zu dem überlassenen Gesellschaftsvermögen unbewegliche außerhalb Landes belegene Sachen oder diesen gleichgeachtete Rechte gehören	—	1	50	
	insoweit das überlassene Gesellschaftsvermögen aus beweglichen Vermögensgegenständen besteht .	1/3	—	—	wie vor;
	insoweit das überlassene Gesellschaftsvermögen aus Forderungsrechten besteht	1/50	—	—	des Werthes der Forderungen.
	Bei Berechnung des Stempels bleibt derjenige Theil der zum Sondereigenthum überlassenen Vermögensgegenstände außer Betracht, welcher der Betheiligung des erwerbenden Gesellschafters an der Gesellschaft entspricht.				
	Befreit sind:				
	1. Verträge über Ueberlassung von Rechten an dem Gesellschaftsvermögen an Personen, welche nach den Vorschriften des Gesetzes, betreffend die Erbschaftssteuer vom $\frac{\text{30. Mai 1873}}{\text{19. Mai 1891}}$, von der Zahlung der Erbschaftssteuer befreit sind.				
	2. Die Rückgewähr der von einem Gesellschafter eingebrachten unbeweglichen Sachen oder diesen				

Lfd. Nr.	Gegenstand der Besteuerung	Steuersatz v. H.	M.	Pf.	Berechnung der Stempelabgabe
Noch 25.	gleichgeachteten Rechte oder beweglichen Vermögensgegenstände an diesen Gesellschafter oder dessen Erben oder dessen Ehefrau, welche mit demselben in Gütergemeinschaft gestanden hat.				
	e) die erstmalige Feststellung des Statuts von Gesellschaften aller Art, Gewerkschaften, Genossenschaften, Korporationen, Stiftungen, Vereinen und Anstalten in der Form von Verträgen oder Beschlüssen, sofern nicht nach den vorstehenden Bestimmungen ein höherer Stempel zu entrichten ist	—	1	50	
	Befreit sind Kranken-, Unfall-, Alters- und Invaliditäts-Versicherungs- und Unterstützungskassen, denen die Versicherungs-				

Zu Tarif-No. 25 e.

Aenderungen von Statuten sollen durch diese Tarifvorschrift nicht getroffen werden. K.B. S. 48.

Stempelfrei sollen die Statuten der Knappschaftsvereine sein. Mot. S. 41—42, s. auch §. 1 d. G., betr. die Vereinigung der Berg-, Hütten-, Salinen- und Aufbereitungsarbeiter in Knappschaften v. 10 4. 54 (G.S. S. 139) u. §§. 165 ff. d. Berg.-Ges. v. 24. 6. 65 (G.S. S. 705).

Vgl. Reichsges. v. 15. 6. 83 [Krankenversicherungsges.] (R.G.Bl. S. 73) — Reichsges. v. 6. 7. 84 [Unfallvers.-Ges.] (R.G.Bl. S. 69) — Reichsges. v. 28. 5. 85 (R.G.Bl. S. 159) — Reichsges. v. 5. 5. 86 (R.G.Bl. S. 132) — Reichsges. v. 11. 7. 87 (R.G.Bl. S. 287) — Reichsges. v. 13. 7. 87 (R.G.Bl. S. 329) — Reichsges. v. 22. 6. 89 [Invaliditäts- und Altersvers.-Ges.] (R.G.Bl. S. 97).

Lfd. Nr.	Gegenstand der Besteuerung	Steuersatz v. H.	M.	Pf.	Berechnung der Stempelabgabe
	nehmer auf Grund gesetzlicher Bestimmungen beizutreten verpflichtet sind, und eingetragene Genossenschaften, welche die Gewinnvertheilung ausgeschlossen haben.				
26.	**Gewerbelegitimationskarten** (§. 44a der Reichs-Gewerbeordnung) . . .	—	1	—	
27.	**Gnadenerweise**, s. Standeserhöhungen.				
28.	**Heirathsgenehmigungen** für Beamte und Militärpersonen . . frei				

Zu Tarif-No. 26.

Die betreffende Bestimmung der Gew.-O. lautet:

§. 44a. Wer in Gemässheit des §. 44 Absatz 1 und 2 Waarenbestellungen aufsucht oder Waaren aufkauft, bedarf hierzu einer Legitimationskarte, welche auf den Antrag des Inhabers des stehenden Gewerbebetriebes von der für dessen Niederlassungsort zuständigen Verwaltungsbehörde für die Dauer des Kalenderjahres und den Umfang des Reichs ausgestellt wird. Die Legitimationskarte enthält den Namen des Inhabers derselben, den Namen der Person oder der Firma, in deren Diensten er handelt, und die nähere Bezeichnung des Gewerbebetriebes.

Einer Legitimationskarte bedürfen diejenigen Gewerbetreibenden nicht, welche durch die in den Zollvereins- oder Handelsverträgen vorgesehene Gewerbelegitimationskarte bereits legitimirt sind.

Auf die in den bestehenden Zollvereins- und Handelsverträgen vorgesehenen Legitimations-Karten findet die Tarifstelle keine Anwendung. Mot. S 42.

Hausirgewerbescheine sollen durch den Stempel nicht getroffen werden. K.B. S. 49.

Lfd. Nr.	Gegenstand der Besteuerung	Steuersatz v. H.	M.	Pf.	Berechnung der Stempelabgabe
29.	**Hingabe an Zahlungsstatt,** Verträge darüber, s. Kaufverträge.				
30.	**Indossamente,** s. Abtretung von Rechten.				
31.	**Inventarien,** welche zum Gebrauch bei stempelpflichtigen Urkunden dienen	—	1	50	Bei Kauf- und Lieferungsverträgen vom Kauf- oder Lieferungspreise unter Hinzurechnung des Werthes der ausbedungenen Leistungen und vorbehaltenen Nutzungen; bei anderen Verträgen vom Gesammtwerth der Gegenleistung unter Hinzurechnung des

Zu Tarif-No. 29.

Vgl. Gpp. IV, S. 143.

Zu Tarif-No. 31.

Bei den bestehenden Vorschriften soll es sein Bewenden behalten. Mot. S. 42.

Vgl. Gpp. V, S. 664.

Lfd. Nr.	Gegenstand der Besteuerung	Steuersatz v. H.	M.	Pf.	Berechnung der Stempelabgabe
32.	**Kauf- und Tauschverträge** und andere lästige Veräußerungsgeschäfte enthaltende Verträge einschließlich der gerichtlichen Zwangsversteigerungen, insoweit nicht besondere Tarifstellen zur Anwendung kommen, wenn sie betreffen: a) im Inlande befindliche unbewegliche Sachen oder diesen gleichgeachtete Rechte	1	—	—	Werthes der vorbehaltenen Nutzungen, oder, wenn der Werth der Gegenleistung aus dem Vertrage nicht hervorgeht, von dem Werth des veräußerten Gegenstandes;

Zu Tarif-No. 32.

Die betreffenden Bestimmungen lauten:

A. Des Tarifs zum Reichsstempelgesetz.

Tarif No. 4. II. Kauf- und sonstige Anschaffungsgeschäfte.

a) Kauf- und sonstige Anschaffungsgeschäfte über

1. ausländische Banknoten, ausländisches Papiergeld, ausländische Geldsorten;
2. Werthpapiere der unter Nr. 1, 2 und 3 dieses Tarifs bezeichneten Art $^2/_{10}$ v. T.

vom Werthe des Gegenstandes des Geschäfts, und zwar in Abstufungen von 20 beziehungsweise 40 Pf. für je 1000 Mk. oder einen Bruchtheil dieses Betrages.

Den Kauf- und sonstigen Anschaffungsgeschäften steht gleich die bei Errichtung einer Aktiengesellschaft oder Kommanditgesellschaft auf Aktien erfolgende Zutheilung der Aktien auf Grund vorhergehender Zeichnung, die bei Errichtung einer Aktiengesellschaft stattfindende Uebernahme der Aktien durch die Gründer und die Ausreichung von Werthpapieren an den ersten Erwerber.

Lfd. Nr.	Gegenstand der Besteuerung	Steuersatz v. H.	M.	Pf.	Berechnung der Stempelabgabe
Noch 32.	b) außerhalb Landes befindliche unbewegliche Sachen	—	1	50	
	c) andere Gegenstände aller Art (auch Lieferungsverträge), falls die Verträge nicht auf Grund der Tarifnummer 4 des Reichsstempelgesetzes vom 27. April 1894 der Reichsstempelabgabe unterliegen oder von dieser befreit sind . . .	1/3	—	—	wie vor.
	Der Stempel berechnet sich bei Tauschverträgen nach dem Werthe der von Einem der Vertragschließen-				

---

b) Kauf- und sonstige Anschaffungsgeschäfte, welche unter Zugrundelegung von Usancen einer Börse geschlossen werden (Loko-, Zeit-, Fix-, Termin-, Prämien- u. s. w. Geschäfte), über Mengen von Waaren, die börsenmässig gehandelt werden, $^4/_{10}$ v. T.

Als börsenmässig gehandelt gelten diejenigen Waaren, für welche an der Börse, deren Usancen für das Geschäft massgebend sind, Terminpreise notirt werden.

Befreiungen.

Die vorbestimmte Abgabe wird nicht erhoben:

1. falls der Werth des Gegenstandes des Geschäfts nicht mehr als 600 Mark beträgt;

Werden zwischen denselben Kontrahenten an einem Tage zu gleichen Vertragsbestimmungen mehrere Geschäfte über Gegenstände derselben Art ohne Vermittler oder durch denselben Vermittler abgeschlossen, deren Gesammtwerth mehr als 600 Mark beträgt, so greift für die einzelnen Geschäfte, auch wenn der Werth des Gegenstandes derselben den Betrag von 600 Mark nicht übersteigt, diese Befreiung nicht Platz;

Lfd. Nr.	Gegenstand der Besteuerung	Steuersatz v. H.	M.	Pf.	Berechnung der Stempelabgabe
Noch 32.	den in Tausch gegebenen Gegenstände und zwar derjenigen, welche den höheren Werth haben, bei dem Tausche inländischer gegen ausländische Grundstücke nur nach dem Werthe der ersteren; bei Zwangsversteigerungen nach dem Betrage des Meistgebots, zu welchem der Zuschlag ertheilt wird, unter Hinzurechnung der von dem Ersteher übernommenen Leistungen; bei Verträgen über Hingabe an Zahlungs-				

2. falls die Waaren, welche Gegenstand eines nach Nr. 4 b stempelpflichtigen Geschäfts sind, von einem der Vertragschliessenden im Inlande erzeugt oder hergestellt sind;
3. für die Ausreichung der von den Pfandbriefinstituten und Hypothekenbanken ausgegebenen auf den Inhaber lautenden Schuldverschreibungen als Darlehnsvaluta an den kreditnehmenden Grundbesitzer;
4. für sogenannte Kontantgeschäfte über die unter Nr. 4 a 1 bezeichneten Gegenstände, sowie über ungemünztes Gold oder Silber.

   Als Kontantgeschäfte gelten solche Geschäfte, welche vertragsmässig durch Lieferung des Gegenstandes seitens des Verpflichteten an dem Tage des Geschäftsabschlusses zu erfüllen sind.
5. von den zur Versicherung von Werthpapieren gegen Verloosung geschlossenen Geschäften, unbeschadet der Stempelpflicht der nach erfolgter Verloosung stattfindenden Kauf- und sonstigen Anschaffungsgeschäfte.

B. der Subh.O. v. 1. 8. 22.

Lfd. Nr.	Gegenstand der Besteuerung	Steuersatz v. H.	M.	Pf.	Berechnung der Stempelabgabe
Noch 32.	statt nach dem Werthe, zu welchem die Gegenstände an Zahlungsstatt angenommen werden. Wird in einem Kaufvertrage hinsichtlich des Kaufpreises eine Hingabe an Zahlungsstatt vereinbart, so ist der Vertrag wie ein Tauschvertrag zu versteuern. Wird bei einer Versteigerung, welche zum Zwecke der Auseinandersetzung unter Miteigenthümern erfolgt, der Zuschlag einem Miteigenthümer ertheilt, so bleibt bei Berechnung des Stempels derjenige Theil des Meistgebots außer Betracht, welcher auf den dem Ersteher bereits zustehenden Antheil an den versteigerten Gegenständen fällt. Im Falle der Gemeinschaft unter Miterben gilt im Sinne dieser Vorschrift jeder Miterbe als Miteigenthümer nach Verhältniß seines ideellen Antheiles am Nachlaß.				

§. 25. Wer für sich selbst als Meistbietender den Zuschlag erhält, kann in den ersten drei Tagen nach dem Zuschlage, den Namen eines Dritten, für welchen er gekauft hat, bei dem Friedensrichter oder Deputirten zu Protokoll erklären, er bleibt aber dessen ungeachtet persönlich und solidarisch mit diesem Dritten für die Erfüllung aller Bedingungen verantwortlich.

C. des Ges. v. 22. 5. 87:

§. 39. Wer für sich den Zuschlag erhalten hat, ist befugt,

Lfd. Nr.	Gegenstand der Besteuerung	Steuersatz v. H.	M	Pf.	Berechnung der Stempelabgabe
Noch 32.	Wird ein Zuschlagsurtheil aufgehoben, so werden die angesetzten Beträge nicht erhoben oder, wenn sie bezahlt sind, erstattet. Beurkundungen von Uebertragungen der Rechte der Erwerber aus Veräußerungsgeschäften über unbewegliche Sachen und diesen gleichgestellte Rechte oder über bewegliche Sachen, sowie Beurkundungen nachträglicher Erklärungen der aus einem Veräußerungsgeschäft der vorbezeichneten Art berechtigten Erwerber, die Rechte für einen Dritten erworben bezw. die Pflichten für einen Dritten übernommen zu haben, werden in Betreff der Stempelpflichtigkeit wie Beurkundungen der Veräußerungen der Sachen und Rechte behandelt. Wenn jedoch der erste Erwerber das Veräußerungsgeschäft erweislich auf Grund eines Vollmachts-				

innerhalb dreier Tage nach dem Tage des Zuschlags einen Dritten als diejenige Person zu benennen, für welche er angesteigert hat. Die Benennung muss unter Beifügung der Vollmacht oder mit der Zustimmungserklärung des Dritten zum Protokolle des Notars geschehen.

Das Protokoll ist als eine Fortsetzung des Versteigerungsprotokolls aufzunehmen.

Der Dritte ist als der unmittelbare Ansteigerer zu betrachten;

Lfd. Nr.	Gegenstand der Besteuerung	Steuersatz v. H.	M.	Pf.	Berechnung der Stempelabgabe
Noch 32.	auftrages oder einer Geschäftsführung ohne Auftrag für einen Dritten abgeschlossen hat, so bedürfen Beurkundungen von Uebertragungen der Rechte dieses ersten Erwerbers an den Dritten nur eines Stempels von	—	1	50	
	In den Fällen des vorhergehenden Absatzes ist die Erstattung des bereits verwendeten Werthstempels anzuordnen. Auch muß die Abstandnahme von der Einziehung des Werthstempels angeordnet werden, falls dies innerhalb zweier Wochen nach erfolgter Beurkundung der Uebertragung beantragt wird.				
	Außerdem kann der Finanzminister bei sonstigen Beurkundungen der erwähnten Art in denjenigen Fällen die gleichen Anordnungen treffen, in denen besondere Billigkeitsgründe vorhanden sind.				

jedoch bleibt Derjenige, welcher für sich den Zuschlag erhalten hat, für die Erfüllung aller Bedingungen persönlich und mit dem Dritten solidarisch verhaftet.

D. des Ges. v. 13. 7. 83:

§. 83, Abs. 2. Auf eine Abtretung der Rechte aus dem Meistgebote an einen Anderen ist bei Ertheilung des Zuschlags nur dann Rücksicht zu nehmen, wenn die Abtretung von Seiten des Meistbietenden, sowie die Uebernahme des Meistgebots von Seiten des

Lfd. Nr.	Gegenstand der Besteuerung	Steuersatz v. H.	M.	Pf.	Berechnung der Stempelabgabe
Noch 32.	In den Fällen des §. 25 der Subhastationsordnung für die Rheinprovinzen vom 1. August 1822 (Gesetz-Samml. S. 195), sowie des §. 39 des Gesetzes, betreffend das Theilungsverfahren und den gerichtlichen Verkauf von Immobilien im Geltungsbereich des Rheinischen Rechts, vom 22. Mai 1887 (Gesetz-Samml. S. 136), bedarf die nachträgliche Erklärung des Ansteigerers nur eines Stempels von	—	1	50	
	Demselben Stempel unterliegen Beurkundungen von Abtretungen der Rechte aus dem Meistgebot an einen Anderen im Sinne des §. 83 Absatz 2 des Gesetzes, betreffend die Zwangsvollstreckung in das unbewegliche Vermögen, vom 13. Juli 1883 (Gesetz-Samml. S. 131).				
	Ermäßigungen und Befreiungen:				
	1. Kauf- und Tauschverhandlungen zwischen Theilnehmern				

Anderen gerichtlich oder notariell beglaubigt eingereicht worden sind. In der Formel des Urtheils ist auszusprechen, dass der Meistbietende neben dem Ersteher für die Erfüllung des Gebots verhaftet bleibt.

Es sind gleichmäßig alle Geschäfte, durch welche unbewegliche Sachen gegen eine Leistung irgend welcher Art veräußert werden, dem Werthstempel unterworfen. Mot. S. 43, A.H. S. 2310.

Ein Tausch liegt nur dann vor, wenn in der Vertragsurkunde die beiderseitig versprochene Hingabe des Gegenstandes in dem unmittel-

Lfd. Nr.	Gegenstand der Besteuerung	Steuersatz v. H.	M.	Pf.	Berechnung der Stempelabgabe
Noch 32	an einer Erbschaft zum Zwecke der Theilung der zu letzterer gehörigen Gegenstände . . .	—	1	50	
	Zu den Theilnehmern an einer Erbschaft wird auch der überlebende Ehegatte gerechnet, welcher mit den Erben des verstorbenen Ehegatten gütergemeinschaftliches Vermögen zu theilen hat.				
	2. Befreit sind Verträge, durch welche unbewegliche Sachen oder diesen gleichgeachtete Rechte oder bewegliche Sachen allein oder im Zusammenhange mit anderem Vermögen von Ascendenten an Descendenten übertragen werden.				
	Auf Beurkundungen von Uebertragungen der Rechte des Erwerbers aus Verträgen der vorbezeichneten Art an andere Personen als an Descendenten				

baren Verhältniß von Leistung und Gegenleistung zum Ausdruck gebracht ist. Ob diese Voraussetzung zutrifft, muß aus der Absicht der Parteien, insoweit sie aus dem Urkundeninhalt erkennbar ist, entnommen werden. Mot. S. 43.

Die Bestimmungen sind auch auf diejenigen Fälle zu beziehen, in denen eine negotiorum gestio für noch nicht existirende juristische Personen vorgelegen hat, wie dies bei Erwerbung von Rechten für eine erst demnächst zu begründende Aktiengesellschaft, Stiftung u. s. w. der Fall ist. K.B. S. 52.

Namentlich sollen auch die Land- und Forstwirthschaftlichen Er-

Lfd. Nr.	Gegenstand der Besteuerung	Steuersatz v. H.	M.	Pf.	Berechnung der Stempelabgabe
Noch 32.	des ursprünglich übertragenden Ascendenten finden die Bestimmungen des sechsten und siebenten Absatzes dieser Tarifstelle keine Anwendung. 3. Befreit sind Kauf- und Lieferungsverträge über Mengen von Sachen oder Waaren, sofern dieselben entweder zum unmittelbaren Verbrauch in einem Gewerbe oder zur Wiederveräußerung in derselben Beschaffenheit oder nach vorgängiger Bearbeitung oder Verarbeitung dienen sollen oder im Inlande in dem Betriebe eines der Vertragschließenden erzeugt oder hergestellt sind. 4. gerichtliche oder notarielle Aufnahmen oder Beglaubigungen der nach der Tarifnummer 4 des Reichsstempelgesetzes vom				

zeugnisse wie Getreide, Heu, Stroh, Holz, sowie die animalischen Erzeugnisse wie Vieh u. s. w., auch die Bedürfnisse, welche der Grundbesitzer im Allgemeinen kauft, wie künstlichen Dünger und Futtermittel, als fungible Sachen angesehen werden und demgemäß Kauf- und Lieferungsgeschäfte über derartige fungible Sachen steuerfrei sein. A.H. S. 2321. Ferner sollen stempelfrei sein Verträge über Lieferung von Rüben, wenn sie geschlossen werden seitens der Produzenten der Rüben mit den Abnehmern. A.H. S. 2508.

Vgl. §. 10 d. Ges. — §. 3 d. G., betr. die Gerichtskosten bei Zwangsversteigerungen v. 18. 7. 83 (G.S. S. 189) — R.G. i. C.S. Bd. 16, S. 253 — Epp. V, S. 666.

Lfd. Nr.	Gegenstand der Besteuerung	Steuersatz v. H.	M.	Pf.	Berechnung der Stempelabgabe
	27. April 1894 reichsstempelpflichtigen oder von der Reichsstempelsteuer befreiten Kauf- und Anschaffungsgeschäfte. .	—	1	50	
33.	**Konsolidationen von Bergwerkseigenthum** (Vereinigung zweier oder mehrerer Bergwerke zu einem einheitlichen Ganzen), Bestätigungsurkunden darüber	—	100	—	
	Erreicht der Gesammtwerth des konsolidirten Bergwerkseigenthums nicht 10000 Mark.	—	10	—	

Zu Tarif-No. 33.

Die hier interessirenden Bestimmungen des Berg.-Ges. lauten.

§. 41. Die Vereinigung zweier oder mehrerer Bergwerke zu einem einheitlichen Ganzen — Konsolidation — unterliegt der Bestätigung des Oberbergamts (§. 49).

§. 42. Zur Konsolidation ist erforderlich:

1. ein notariell oder gerichtlich beglaubigter Konsolidationsakt — je nach Beschaffenheit des Falles ein Vertrag oder Beschluss der Mitbetheiligten oder eine Erklärung des Alleineigenthümers,
2. ein von einem konzessionirten Markscheider oder Feldmesser in zwei Exemplaren angefertigter Situationsriss des ganzen Feldes,
3. Die Angabe des dem konsolidirten Bergwerke beigelegten Namens.

§. 43. Kann das durch die Konsolidation entstehende (konsolidirte) Werk nur als Ganzes mit Hypotheken und dinglichen Lasten beschwert werden, (vergl. §. 98), so muss für den Fall, dass auf den einzelnen Bergwerken Hypotheken oder andere Realrechte oder dass auf denselben Privilegien des Rheinischen Rechts haften, ausser dem Konsolidationsakte eine mit den Berechtigten vereinbarte Bestimmung darüber beigebracht werden, dass, und in welcher Rangordnung die Rechte derselben auf das konsolidirte Werk als Ganzes übergehen sollen.

§. 44. In allen übrigen Fällen muss in dem Konsolidationsakte eine Bestimmung des Antheilsverhältnisses, nach welchem jedes einzelne Bergwerk in das konsolidirte Werk eintreten soll, enthalten sein. Auf diese Fälle finden alsdann die besonderen Vorschriften der §§. 45 bis 48 Anwendung.

§. 45. Der wesentliche Inhalt des Konsolidationsaktes, insbesondere die Bestimmung des Antheilsverhältnisses (§. 44) wird durch das Oberbergamt den aus dem Hypothekenbuche ersichtlichen Hypothekengläubigern und anderen Realberechtigten, insofern deren ausdrückliches Einverständniss mit dem Antheilsverhältnisse nicht beigebracht ist, unter Verweisung auf diesen und die beiden folgenden Paragraphen bekannt gemacht.

Ausserdem erfolgt diese Bekanntmachung durch das Amtsblatt der Regierung, in deren Bezirk das Bergwerk liegt.

§. 46. Hypothekengläubiger und andere Realberechtigte, sowie privilegirte Gläubiger des Rheinischen Rechts, welche durch die Bestimmung des Antheilsverhältnisses (§. 44) an ihren Rechten verkürzt zu sein glauben, sind befugt, gegen diese Bestimmung Einspruch zu erheben.

Dieses Einspruchsrecht muss binnen drei Monaten nach Ablauf des Tages, an welchem die Bekanntmachung zugestellt, beziehungsweise das die Bekanntmachung enthaltende Amtsblatt ausgegeben worden ist (§. 45), durch gerichtliche Klage geltend gemacht werden.

Wer von dieser Frist keinen Gebrauch macht, ist seines Einspruchsrechts verlustig.

§. 47. Statt diese Klage zu erheben, können die vorbezeichneten Gläubiger und anderen Realberechtigten ihre Befriedigung vor der Verfallzeit verlangen, soweit dies die Natur des versicherten Anspruchs gestattet.

Dieses Recht muss jedoch ebenfalls bei Vermeidung des Ver-

Lfd. Nr.	Gegenstand der Besteuerung	Steuersatz v. H.	M.	Pf.	Berechnung der Stempelabgabe
34.	Kuxe (§. 101 des Allgemeinen Berggesetzes für die Preußischen Staaten vom 24. Juni 1865 — Gesetz-Samml. S. 705 —)				des Werthes der Gegenleistung oder, wenn eine solche in der Urkunde nicht enthalten ist, des Werthes des abgetretenen Kuxes.
	Kuxscheine	—	1	50	
	Schriftstücke über Uebertragungen von Kuxen der bezeichneten Art	$1/10$	—	—	

lustes desselben innerhalb der im §. 46 bestimmten Frist geltend gemacht werden.

§ 48. Mit der Bestätigung der Konsolidation (§. 49) geht das Realrecht ohne Weiteres auf den entsprechenden, nach Maassgabe der vorstehenden Bestimmungen (§§. 44 bis 46) festgestellten Antheil an dem konsolidirten Werke über.

§. 49. Sind Hypothekengläubiger und andere Realberechtigte, sowie privilegirte Gläubiger des Rheinischen Rechts nicht vorhanden, oder ist in den Fällen des §. 43 die dort bezeichnete Vereinbarung beigebracht, oder sind in den Fällen des §. 44 Einsprüche nicht erhoben oder die erhobenen Einsprüche (§§. 46, 47) erledigt, so entscheidet das Oberbergamt über die Bestätigung der Konsolidation.

Die Bestätigung darf nur versagt werden, wenn die Felder der einzelnen Bergwerke nicht an einander grenzen, oder wenn Gründe des öffentlichen Interesses entgegenstehen.

Der Bestätigungsurkunde werden die Verleihungsurkunden der einzelnen Bergwerke beigefügt.

Hinsichtlich der Beglaubigung, Aushändigung und Aufbewahrung der Risse finden die Bestimmungen des §. 33 Anwendung.

Der hier vorgesehene Stempelsatz umfaßt auch die Substanz des Bergwerks, nämlich die verliehenen Mineralien. A.H. S. 2320.

Zu Tarif-No. 34.

Die betreffende Bestimmung des Berg-Ges. lautet:

Lfd. Nr.	Gegenstand der Besteuerung	Steuersatz v. H.	M.	Pf.	Berechnung der Stempelabgabe
	Schriftstücke über Verpfändungen von Kuxen wie Sicherstellung von Rechten; s. diese.				
35.	**Legalisation von Urkunden**, sofern sie nicht auf der Urkunde selbst stattfindet	—	1	50	
	sonst . . . . frei				
36.	**Leibrenten- und Rentenverträge**, wodurch zu gewissen Zeiten wieder-				

§. 101. Die Zahl der gewerkschaftlichen Antheile — Kuxe — beträgt hundert.

Durch das Statut kann die Zahl auf tausend bestimmt werden.

Die Kuxe sind untheilbar. Sie haben die Eigenschaft der beweglichen Sachen.

Vgl. §§. 16 b, 18 Abs. 2 d. G.

Zu Tarif-No. 35.

Man versteht unter Legalisationen Atteste darüber, daß eine amtliche Unterschrift mit amtlicher Befugniß ausgestellt worden bezw. der angebliche Aussteller einer Urkunde seiner angegebenen Qualität zufolge oder nach der angegebenen Firma zur Ausstellung der Urkunde befugt gewesen ist. Die Legalisation wird von derjenigen Behörde ertheilt, welcher die Beurtheilung der amtlichen Qualität des Ausstellers gesetzlich beigelegt ist (Circularerlaß des Finanzministers vom 16. Juli 1828 v. K. A. Bd. 12 S. 659). K.B. S. 58.

Vgl. Hpp. V, S. 726.

Zu Tarif-No. 36.

Es ist insoweit an dem bisherigen Recht festgehalten, als die Rente in Geldzahlungen bestehen muß; dagegen ist das Erforderniß, daß die Zahlung einer bestimmten Geldsumme verabredet und daß diese Zahlung für die Lebenszeit des Empfängers zu leisten sein muß, fallen gelassen. K.B. S. 59.

Lfd. Nr.	Gegenstand der Besteuerung	Steuersatz v. H.	M.	Pf.	Berechnung der Stempelabgabe
	kehrende Zahlungen von Geld für eine oder mehrere bestimmte Personen während der Lebensdauer derselben oder auf bestimmte oder unbestimmte Zeit gegen Entgelt erworben werden, mag die Gegenleistung in einer bestimmten Geldsumme oder in der Hingabe von Sachen oder in der Uebernahme von Leistungen oder Verpflichtungen, oder aber in dem Aufgeben von Rechten bestehen, falls nicht die Tarifstelle „Versicherungsverträge" zur Anwendung kommt	1	—	—	des Kapitalwerthes der Renten.
37.	**Leichenpässe**, s. Pässe.				
38.	**Lieferungsverträge**, s. Kaufverträge.				
39.	**Lustbarkeiten**, Genehmigungen der Ortspolizeibehörden zur Veranstaltung von Musikaufführungen, Singspielen, Gesangs- und deklamatori-				

Die durch Vermittelung der Generalkommissionen umgewandelten Renten haben an der Vergünstigung des §. 4d theil; wenn sonst Renten an Stelle von Hypotheken treten, ist der tarifmäßige Leibrentenstempel fällig. K.B. S. 59.

Wenn ein Rentenvertrag einen Versicherungsvertrag darstellt, so soll die Tarifposition „Versicherungsverträge" zur Anwendung kommen und nur, wenn dieses nicht vorliegt, die Position „Leibrentenverträge" K.B. S. 59—60, A.H. S. 2323.

Vgl. §§ 4a und 6 Abs. 10 und 11 d. G. — Gpp. V, 728.

Zu Tarif-No. 37.

Vgl. Gpp. V, S. 734.

Lfd. Nr.	Gegenstand der Besteuerung	Steuersatz v. H.	M.	Pf.	Berechnung der Stempelabgabe
	schen Vorträgen, theatralischen Vorstellungen oder sonstigen Lustbarkeiten aller Art und zwar sowohl von öffentlichen Gesellschaften als von Privat- oder von geschlossenen Gesellschaften dargebotenen . . .	—	1	50	
	bei Lustbarkeiten geringfügiger Art	—	—	50	
40.	**Mäkler, vereidigte,** Urkunden über die Bestätigung oder Anstellung derselben	—	25	—	
41.	**Mieth- und Aftermiethverträge,** s. Pacht- und Afterpachtverträge.				
42.	**Namensänderungen,** Genehmigungen zur Aenderung des Familiennamens	—	30	—	
	Bei nachgewiesener Bedürftigkeit kann der Stempel auf 5 Mark ermäßigt werden.				
	Namensvermehrung und Namenswechsel bei adligen Namen ein				

Zu Tarif-No. 40.

Vgl. Art. 9, §. 1 des E.G. z. H.G.B. v. 24. 6. 61 (G.S. S. 449) — §. 33 d. G. über die Handelskammern v. 24. 2. 70 (G.S. S. 134).

Zu Tarif-No. 42.

Von der Gebühr sollen jedoch nur Namensänderungen betroffen werden, welche auf besonderen Antrag im Verwaltungsverfahren genehmigt werden, nicht auch diejenigen Fälle, wo die Namensänderung als Folge eines anderweiten Rechtsaktes eintritt, wie bei der Annahme an Kindesstatt oder der Legitimation wegen unehelicher Geburt. Mot. S. 50.

Vgl. Kab.O. v. 15. 4. 22 (G.S. S. 108).

Lfd. Nr.	Gegenstand der Besteuerung	Steuersatz v. H.	M.	Pf.	Berechnung der Stempelabgabe
	Viertel der Sätze der Tarifstelle 60, Buchstabe a.				
	Erfolgt die Namensvermehrung und der Namenswechsel in Verbindung mit einer Standeserhöhung, so kommt außerdem der für letztere in der vorerwähnten Tarifstelle verordnete Stempelbetrag zur Erhebung.				
43.	**Naturalisationsurkunden**, mit Ausnahme derjenigen, welche für im Reichsdienst angestellte Ausländer ausgestellt werden	—	50	—	
	bei nachgewiesener Bedürftigkeit des zu Naturalisirenden kann der Stempel bis auf	—	5	—	
	ermäßigt werden.				
44.	**Nebenausfertigungen** von Verträgen, wie Duplikate, s. diese.				
45.	**Notariatsurkunden**, welche die Stelle einer in diesem Tarif ver-				

Zu Tarif-No. 43.

Der Abgabe unterliegen nicht die im §. 9 des Gesetzes vom 1. Juni 1870 aufgeführten Bestallungen für in den unmittelbaren oder mittelbaren Staatsdienst oder in den Kirchen-, Schul- oder Kommunaldienst eines Bundesstaats aufgenommene Ausländer. Mot. S. 50.

Vgl. Reichsges. über den Erwerb und Verlust der Staatsangehörigkeit vom 1. 6. 70 (B.G.Bl. S. 355) §§. 2, 24, 11. — Reichsges. vom 20. 12. 75, betr. die Naturalisation von Ausländern (R.G.Bl. S. 324).

Zu Tarif-No. 44.

Vgl. §. 9, Abs. 1 d. G. — Tarif: Schuldverschreibungen Ia. — Epp. V, S. 747.

Lfd. Nr.	Gegenstand der Besteuerung	Steuersatz v. H.	M.	Pf.	Berechnung der Stempelabgabe
	steuerten Verhandlung vertreten, wie diese;				
	sonst und in allen Fällen mindestens	—	1	50	
46.	**Notarielle Zeugnisse**, wie amtliche Zeugnisse, s. Zeugnisse.				
47.	**Offizierpatente**, wie Bestallungen, s. diese.				
48.	**Pacht- und Afterpachtverträge**, Mieth- und Aftermiethverträge, sowie antichretische Verträge:				
	a) über unbewegliche Sachen, sofern der verabredete nach der Dauer eines Jahres zu berechnende Pachtzins (Miethzins, antichretische Nutzung) mehr als 300 Mark beträgt	$^1/_{10}$	—	—	des Pachtzinses (Miethzinses, der antichretischen Nutzung).
	Der Verpächter und Afterverpächter (Vermiether, Aftervermiether, Verpfänder) hat die vorbezeichneten, während der Dauer des Kalenderjahres in Geltung gewesenen Verträge bis zum Ablauf des Januar des darauf folgenden Jahres in ein Verzeichniß (Pacht-, Mieth-, Antichrese-Verzeichniß), welches die Bezeichnung des Grundstückes, den Namen des Pächters (Miethers, Pfandinhabers), die Dauer des Vertragsverhältnisses während des betreffenden Kalenderjahres, den Zins (Nutzung), den erforderlichen				

Zu Tarif-No. 48.
Vgl. §§. 17, 31 Abs. 3, 32 d. G.

Lfd. Nr.	Gegenstand der Besteuerung	Steuersatz v. H.	Steuersatz M.	Steuersatz Pf.	Berechnung der Stempelabgabe
Noch 48.	Stempelbetrag und seine Namensunterschrift enthalten muß, einzeln einzutragen, das Verzeichniß mit der Versicherung, daß er andere unter die vorstehende Bestimmung fallende Verträge nicht abgeschlossen habe, zu versehen und die Versteuerung spätestens innerhalb der vorerwähnten Frist bei einer Steuerstelle zu bewirken. Vorausbezahlung für mehrere Jahre ist zulässig. Die in diesen Verzeichnissen zu machenden Angaben können bei der Steuerbehörde zu Protokoll erklärt werden. Die Verzeichnisse sind von den zur Führung derselben verpflichteten Personen 5 Jahre lang aufzubewahren. Auf Verlangen derselben erfolgt die Aufbewahrung durch die Steuerbehörde. Im Dezember jeden Jahres ist von den Hauptsteuer- und Hauptzollämtern auf die Bestimmungen über die Führung der Verzeichnisse und die Versteuerung durch Bekanntmachung in öffentlichen Blättern aufmerksam zu machen. Außerdem können diejenigen Verpächter und Afterverpächter (Vermiether, Aftervermiether, Verpfänder), von welchen Verzeichnisse				

Lfd. Nr.	Gegenstand der Besteuerung	Steuersatz v. H.	Steuersatz M.	Steuersatz Pf.	Berechnung der Stempelabgabe
Noch 48.	nicht eingereicht sind, von der Steuerbehörde zur Anzeige darüber angehalten werden, ob von ihnen während des vorangegangenen Kalenderjahres Verträge der vorbezeichneten Art errichtet worden sind. Behörden sind berechtigt, die Versteuerung der von ihnen zu führenden Verzeichnisse selbst zu bewirken. Wenn Verträge dieser Tarifstelle vor Ablauf der vertragsmäßig festgesetzten Zeit ihr Ende erreichen, so ist der Stempel nur für die Zeit bis zur Beendigung der Verträge zu entrichten. Die Vorschrift des §. 4 Buchstabe a dieses Gesetzes findet auf die Verträge dieser Tarifstelle keine Anwendung. Die Beurkundungen von Abtretungen der Rechte aus Verträgen dieser Tarifstelle unterliegen einer anderen als der nach den obigen Bestimmungen zu entrichtenden Stempelsteuer nicht. Wenn in einem unter diese Tarifstelle fallenden Vertrage bestimmt ist, daß das Rechtsverhältniß unter gewissen Voraussetzungen als verlängert gelten soll, so				

Lfd. Nr.	Gegenstand der Besteuerung	Steuersatz v. H.	M.	Pf.	Berechnung der Stempelabgabe
Noch 48.	kommen für die hiernach eintretenden Verlängerungen die vorstehenden Bestimmungen zur Anwendung.				
	Die durch Briefwechsel zu Stande gekommenen Verträge sind hinsichtlich der Stempelpflicht wie förmliche schriftliche Verträge zu behandeln.				
	b) über bewegliche Sachen	1/10	—	—	des Zinses (Nutzung).
	Der Stempel berechnet sich nach der Dauer der bedungenen Vertragszeit; bei Verträgen auf unbestimmte Zeit ist der Versteuerung eine einjährige Dauer zu Grunde zu legen.				
	c) über ausländische Grundstücke. .	—	1	50	
49.	**Pässe** (Paßkarten) zu Reisen in der Regel	—	1	50	
	für Handwerksburschen, Dienstboten, Lohnarbeiter und andere Personen ähnlichen Standes jedoch nur	—	—	50	
	zum Transport von Leichen wegen deren Beerdigung außer dem Kirchsprengel, worin der Todesfall sich ereignet hat	—	5	—	
	bei nachgewiesener Bedürftigkeit kann der Stempel bis auf . . .	—	1	50	
	ermäßigt werden.				

Zu Tarif-No. 49.

Vgl. Epp. V, S. 751.

Lfd. Nr.	Gegenstand der Besteuerung	Steuersatz v. H.	M.	Pf.	Berechnung der Stempelabgabe
50.	**Policen**, s. Versicherungsverträge.				
51.	**Polizeistunde**, Genehmigungen der Verlängerung der Polizeistunde für einzelne Wirthshäuser und öffentliche Vergnügungsorte	—	1	—	
	Befreit sind Genehmigungen auf die Dauer bis zu zwei Wochen.				
52.	**Proteste**, Wechselproteste und Proteste anderer Art	—	1	50	
53.	**Protokolle**, auch von den Parteien nicht unterschriebene, welche in Privatangelegenheiten von Behörden und Beamten aufgenommen sind und die Stelle einer im gegenwärtigen Tarif besteuerten Verhandlung vertreten, wie diese, mindestens aber	—	1	50	
	Protokolle, welche nicht die Stelle einer im Tarif besteuerten Verhandlung vertreten, sind stempelfrei.				

Zu Tarif-No. 51.

Vgl. §. 6 d. G. über die Pol.-Verw. v. 11. 3. 50 (G.S. S. 265) u. 20. 9. 67 (G.S. S. 1529) — §. 365 R.St.G.B.

Zu Tarif-No. 52.

Diese Position trifft auch andere als Wechselproteste, z. B. die Proteste nach Art. 357, 358 H.G.B. Mot. S. 52.

Vgl. Gpp. V, S. 754.

Zu Tarif-No. 53.

Vgl. Gpp. V, S. 754.

Gegenstand der Besteuerung	Steuersatz v. H.	M.	Pf.	Berechnung der Stempelabgabe
Bei Protokollen, welche von Notaren aufgenommen sind, kommt die Tarifstelle „Notariatsurkunden“ zur Anwendung.				
Punktationen über einen zu errichtenden Vertrag, welche die Kraft eines Vertrages haben und demnach eine Klage auf Erfüllung begründen, sind wie Verträge über denselben Gegenstand und zwar auch dann zu versteuern, wenn darin die Aufnahme einer förmlichen Vertragsurkunde vorbehalten ist.				
Zu einer Vertragsurkunde, welche auf Grund einer mit dem Werthstempel belegten Punktation demnächst aufgenommen wird und im Wesentlichen denselben Inhalt hat, wie diese, kommt der zur Punktation verwendete Werthstempel in Anrechnung.				

Tarif-No. 54.

Bei der Einstellung eines höheren Betrages in den auf Grund einer ktation abgeschlossenen Kaufvertrag ist nur die Differenz zwischen dem er Punktation und dem in dem Vertrage enthaltenen Kaufpreise die Berechnung des zu entrichtenden Vertragstempels maßgebend, ld der Stempel nach dieser Tarifstelle richtig gezahlt ist.

Sowohl der Kauf- als auch der Tauschstempel muß erfordert werden, ld in einer Punktation ein Entgelt in b.ar, in dem Vertrage aber Naturalien verabredet ist, weil zwei ganz verschiedenartige Rechtsäfte, Kauf und Tausch, zu Grunde liegen. K.B. S. 72.

Vgl. §. 12 c. d. G.

Lfd. Nr.	Gegenstand der Besteuerung	Steuersatz v. H.	M.	Pf.	Berechnung der Stempelabgabe
55.	**Registraturen,** wenn sie die Stelle der Protokolle vertreten, wie diese.				
56.	**Schenkungen unter Lebenden,** insbesondere auch die belohnenden und die mit einer Auflage belasteten Schenkungen, insofern sie schriftlich beurkundet sind, unterliegen von dem Betrage der Schenkung einer Werthstempelabgabe, welche sich nach den Vorschriften der §§. 6 bis 25 sowie des §. 27 erster Absatz des Gesetzes, betreffend die Erbschaftssteuer, vom $\frac{\text{30. Mai 1873}}{\text{19. Mai 1891}}$ und des demselben anliegenden Tarifs bestimmt, jedoch mit der Maßgabe, daß bei immerwährenden Nutzungen und Leistungen das Fünfundzwanzigfache ihres einjährigen Betrages als Kapitalwerth angenommen wird. An Stelle der Verhältnisse des Erblassers und des Erwerbers des Anfalles sind die Verhältnisse des Gebers, beziehungsweise des Beschenkten zu berücksichtigen. Als Beurkundungen von Schenkungen sind alle Schriftstücke über				

Zu Tarif-No. 56.

Beurkundungen von Gratifikationen an Beamte und Privatpersonen sind dem Schenkungsstempel nicht unterworfen, weil es sich bei dergleichen Zuwendungen mehr um eine nachträgliche Abgeltung der von den Remunerirten geleisteten Dienste handelt und deshalb bei solchen Geschäften der Charakter eines lästigen Vertrages vorwaltet. K.B. S. 73—74.

Lfd. Nr.	Gegenstand der Besteuerung	Steuersatz v. H.	M.	Pf.	Berechnung der Stempelabgabe
Noch 56.	solche Geschäfte anzusehen, bei welchen die Absicht auf Bereicherung des einen Theils gerichtet war, auch wenn das Geschäft in der Form eines lästigen Vertrages abgeschlossen ist. Bei Beurtheilung der Frage, ob die Absicht der Bereicherung des einen Theils anzunehmen ist, sind auch solche Umstände in Betracht zu ziehen, welche aus der Urkunde nicht ersichtlich sind. In denjenigen Fällen, in welchen die Versteuerung der Schenkung über die für die Verwendung des Urkundenstempels sonst vorgeschriebene Frist hinaus ausgesetzt bleibt (§§. 22 bis 25 und §. 27 erster Absatz des Gesetzes, betreffend die Erbschaftssteuer, vom $\frac{\text{30. Mai 1873}}{\text{19. Mai 1891}}$), muß die Urkunde vor Ablauf dieser Frist der von dem Finanzminister zu bestimmenden Steuerbehörde vorgelegt werden, welche die erforderlichen Anordnungen wegen späterer Verwendung des Stempels zu treffen hat und welcher hierfür auf Verlangen Sicherheit zu bestellen ist. Diese Bestimmung findet auch auf die bei den Gerichtskosten zu verrechnenden Schenkungsstempel Anwendung.				

Lfd. Nr.	Gegenstand der Besteuerung	Steuersatz v. H.	Steuersatz M.	Steuersatz Pf.	Berechnung der Stempelabgabe
	Befreit sind Beurkundungen von Schenkungen der Arbeitgeber an Kassen oder Anstalten, welche die Unterstützung ihrer Arbeitnehmer oder Bediensteten, sowie der Angehörigen derselben bezwecken.				
57.	**Schiedssprüche** und zwar sowohl der ständigen Schiedsgerichte als auch der zur Entscheidung für den einzelnen Fall berufenen Schiedsrichter	1/10	—	—	des Werthes des Streitgegenstandes.
	jedoch mindestens	—	2	—	
	höchstens	—	100	—	
	ist der Werth des Streitgegenstandes unschätzbar	—	10	—	
58.	**Schuldverschreibungen.**				
	I. Schuldverschreibungen, hypothekarische und persönliche aller Art, insoweit es sich nicht um der Reichsstempelabgabe unterworfene Werthpapiere handelt . . .	1/12	—	—	des Kapitalbetrages der Schuldverschreibung.

Zu Tarif-No. 57.

Die Stempelpflichtigkeit bezieht sich nicht nur auf die Schiedssprüche schiedsrichterlicher Behörden, sondern auch auf die von Schiedsrichtern in Gemäßheit des §. 851 C.P.O. gefällten Entscheidungen (R.G. i. C.S. Bd. 30 S. 219). Mot. S. 52.

Der Werth berechnet sich nach §. 6 d. G. in Verbindung mit §§. 4 bis 8 d. C.P.O. und §§. 11, 13 Abs. 1 d. D.G.K.G. v. 18. 6. 78. Mot. S. 52—53.

Zu Tarif-No. 58.

Das Erforderniß der causa debendi ist stehen geblieben; desgl. das der Angabe der Verpflichtung zur Zahlung einer bestimmten Geldsumme K.B. S. 75.

Lfd. Nr.	Gegenstand der Besteuerung	Steuersatz v. H.	M.	Pf.	Berechnung der Stempelabgabe
Noch 58.	Ermäßigungen: a) Schuldverschreibungen über Kaufgelder, Erbgelder oder sonstige Forderungen aus zweiseitigen Verträgen, falls diese Verträge gehörig versteuert sind und alle wesentlichen Bedingungen des Schuldverhältnisses enthalten, wie Nebenausfertigungen derselben (vergleiche die Tarifstelle „Nebenausfertigungen“);				
	b) Schuldverschreibungen über Darlehen, welche innerhalb Jahresfrist oder in einem kürzeren Zeitraum zurückzuzahlen sind	$1/50$	—	—	der dargeliehenen Summe in Abstufungen von 20 Pf. für je 1000 Mark oder einen Bruchtheil dieses Betrages.

Das schriftliche Versprechen, ein zu erwartendes Darlehn zurückzahlen zu wollen, enthält eine stempelpflichtige Schuldverschreibung K.B. S. 76.

Aus dem Hinweise auf die entsprechenden Bestimmungen der Tarifstelle „Abtretung von Rechten“ ergiebt sich, daß die nachträgliche Eintragung einer bereits bestellten Hypothek, Grundschuld u. s. w. auf andere Grundstücke einer besonderen Abgabe nicht mehr unterliegt (vgl. Abschnitt 6 der vorbezeichneten Tarifstelle). Mot. S. 55.

Eine Bescheinigung, die eine Depositenbank in einem Quittungsbuch über einen eingezahlten Betrag ertheilt, ist stempelfrei. A.H. S. 2509.

Die Stempelfreiheit ist auf diejenigen Sparkassen beschränkt, welche mit genossenschaftlichen Einrichtungen zur Förderung des Personalkredits

Lfd. Nr.	Gegenstand der Besteuerung	Steuersatz v. H.	M.	Pf.	Berechnung der Stempelabgabe
Noch 58.	So oft die Rückzahlungsfrist durch schriftliche Verabredungen über die Verlängerung der Darlehen, oder durch Ausstellung neuer Schuldverschreibungen bis zu einem Zeitraum von einem Jahre erweitert wird, je .	1/50	—	—	wie vor;
	jedoch für die ursprüngliche Verschreibung und sämmtliche Verlängerungen nicht mehr wie	1/12	—	—	der dargeliehenen Summe.
	Beurkundungen der Verlängerung der Rückzahlungsfrist über den Zeitraum von einem Jahre hinaus . . .	1/12	—	—	wie vor;
	jedoch unter Anrechnung der für die Beurkundungen der ursprünglichen Verschreibung und der früheren Ver-				

in Verbindung stehen, also das ganze übrige Gebiet der genossenschaftlichen Bildung, in dem die Sparkasseneinrichtungen einen ganz anderen Charakter annehmen und lediglich zu Erwerbszwecken dienen können, so weit nicht ein gemeinnütziger Zweck doch noch nachgewiesen wird, von der Vergünstigung ausschließt. Unter den genossenschaftlichen Organisationen, welche sich mit Darlehns-Geschäften befassen, werden auch diejenigen ausgeschlossen, welche nicht sowohl die Förderung des Personalkredits als ihre eigenen Erwerbsinteressen zum Gegenstand des Unternehmens haben. A.H. S. 2347.

Vgl. Tarif: Sicherstellung Buchst. b. — §. 24 b. W.St.G. v. 10. 6. 69 Art. 301 H.G.B. — Kab.-O. v. 8. 3. 47 (M.Bl. d. i. V. S. 108). — R.G. i. C.S. Bd. 16, S. 209. — R.St.G. Tarif-No. 2 und 3. — Epp. V, S. 763.

Lfd. Nr.	Gegenstand der Besteuerung	Steuersatz v. H.	Steuersatz M.	Steuersatz Pf.	Berechnung der Stempelabgabe
Noch 58.	längerungen bereits entrichteten Stempel. Die Anrechnung der früher gezahlten Stempel ist nur zulässig, wenn auf den Schriftstücken über die Verlängerung vom Aussteller vermerkt ist, zu welchen Urkunden und zu welchen Beträgen die früher gezahlten Stempel verwendet sind. Befreiungen: a) Beurkundungen über die Verlängerung der Rückzahlungsfrist, wenn es sich um Schuldverschreibungen handelt, die mit einem Zwölftel vom Hundert des Kapitalbetrages bereits versteuert sind; b) Beurkundungen von zinsbaren Darlehen, welche gegen spezielle Verpfändung oder Hinterlegung von edlen Metallen, Waaren, Wechseln oder Werthpapieren gegeben werden (Lombarddarlehne) und innerhalb Jahresfrist oder in einem kürzeren Zeitraum zurückzuzahlen sind, vorausgesetzt, daß der Werth des hinterlegten Pfandes dem gewährten Darlehen mindestens gleichkommt;				

Lfd. Nr.	Gegenstand der Besteuerung	Steuersatz v. H.	M.	Pf.	Berechnung der Stempelabgabe
Noch 58.	c) Sparkassenbücher und Bescheinigungen über einzelne Einlagen seitens öffentlicher und solcher Sparkassen, welche gemeinnützige Zwecke verfolgen, insbesondere solcher, welche die Gewinnvertheilung ausgeschlossen haben, sowie der Sparkassen derjenigen eingetragenen Erwerbs- und Wirthschaftsgenossenschaften (Reichsgesetz vom 1. Mai 1889, Reichs-Gesetzbl. S. 55), welche die Förderung des genossenschaftlichen Personalkredits bezwecken;				
	d) für Kommunalverbände, Kommunen oder Korporationen ländlicher oder städtischer Grundbesitzer oder Grundkredit- und Hypothekenbanken ausgestellte Schuldverschreibungen, auf Grund deren reichsstempelpflichtige Renten- und Schuldverschreibungen demnächst ausgereicht werden.				
	II. Kaufmännische, nicht auf Order ausgestellte Verpflichtungsscheine über Leistungen von Geld . . .	1/50	—	—	des Kapitalbetrages der Scheine in Abstufungen von 20 Pf. für je 1000 Mark oder einen Bruchtheil dieses Betrages.
	Für die Verlängerung der Rückzahlungsfrist gelten die Bestimmungen zu I unter Ermäßigungen zu b und Befreiungen zu a.				

Lfd. Nr.	Gegenstand der Besteuerung	Steuersatz v. H.	M.	Pf.	Berechnung der Stempelabgabe
Noch 58.	III. Der Antrag auf Eintragung einer Hypothek oder Grundschuld oder einer wiederkehrenden Geldleistung im Grundbuche oder in einem für solche Eintragungen bestimmten öffentlichen Buche . .	$^1/_{12}$	—	—	der einzutragenden Summe oder des Kapitalwerthes der Geldleistung;
	sowie der Antrag auf Eintragung der Verpfändung einer Hypothek oder Grundschuld oder einer wiederkehrenden Geldleistung durch den eingetragenen Gläubiger in Büchern der bezeichneten Art	$^1/_{12}$	—	—	der Summe, für welche die Post verpfändet wird, wenn diese Summe geringer ist, als die Summe oder der Kapitalwerth der verpfändeten Post, sonst der letzteren Summe oder des Kapitalwerthes.
	Die Vorschriften der Tarifstelle „Abtretung von Rechten" fünfter bis einschließlich achter Absatz finden sinngemäße Anwendung.				
59.	**Sicherstellung von Rechten**, Beurkundungen darüber, wenn der Werth der sichergestellten Rechte				
	600 Mark nicht übersteigt . .	—	—	50	
	1 200 " " " . .	—	1	—	

Zu Tarif-No. 59.

Die betreffende Bestimmung der Vorm.-O. lautet:

Lfd. Nr.	Gegenstand der Besteuerung	Steuersatz v. H.	M.	Pf.	Berechnung der Stempelabgabe
Noch 59.	10 000 Mark nicht übersteigt . .	—	1	50	
	bei einem höheren Betrage . .	—	5	—	
	Der Stempel darf in keinem Falle den für die Beurkundung des sicherzustellenden Rechtes zur Erhebung gelangenden Stempel übersteigen.				
	Ist der Werth der sichergestellten Rechte nicht schätzbar . . .	—	1	50	
	Befreit sind:				
	a) Urkunden über Dienstkautionen der Beamten öffentlicher Behörden;				
	b) in Schuldverschreibungen zur Sicherheit der Schuldverpflichtung vom Schuldner abgegebene Erklärungen;				
	c) Urkunden über Sicherstellungen der Vormünder (§. 58 der Vormundschaftsordnung vom 5. Juli 1875, Gesetz-Samml. S. 431).				

§. 58. Vormünder, welche für den Mündel ein erhebliches Vermögen zu verwalten haben, können von dem Vormundschaftsgerichte zur Stellung einer Sicherheit angehalten werden. Die Art und der Umfang der Sicherheit wird nach richterlichem Ermessen bestimmt; sie kann jederzeit erhöhet, gemindert oder erlassen werden.

Kosten, welche aus der Stellung der Sicherheit erwachsen, sind aus dem Vermögen des Mündels zu entrichten.

Vgl. §. 6 Abs. 6 d. G. — Epp. V, S. 620.

Lfd. Nr.	Gegenstand der Besteuerung	Steuersatz v. H.	M.	Pf.	Berechnung der Stempelabgabe
60.	**Standeserhöhungen und Gnadenerweise, landesherrliche.**				
	a) Standeserhöhungen				
	für die Verleihung der Herzogswürde	—	5000	—	
	für die Verleihung der Fürstenwürde	—	3000	—	
	für die Verleihung der Grafenwürde	—	1800	—	
	für die Verleihung der Freiherrnwürde	—	1200	—	
	für die Verleihung des Adels .	—	600	—	
	Wenn in obigen Verleihungen mehrere Seitenverwandte mit aufgenommen werden, so wird für jeden Seitenverwandten die volle Taxe besonders erhoben.				
	Die vorstehend festgesetzten Beträge werden auch erhoben, wenn eine Standeserhöhung aus Anlaß oder bei Gelegenheit einer Adoption oder Legitimation stattfindet.				
	Für Anerkennung und Bestätigung einer von einem auswärtigen Fürsten verliehenen Standeserhöhung eines Inländers werden die obigen Sätze erhoben.				

Zu Tarif-No. 60.

Das Recht der Krone, den Stempelbetrag im Wege der Gnade zu erlassen, bleibt unberührt. K.B. S. 79. A.H. S. 2486, 2490.

Vgl. Tarif: Namensänderungen.

Lfd. Nr.	Gegenstand der Besteuerung	Steuersatz v. H.	Steuersatz M.	Steuersatz Pf.	Berechnung der Stempelabgabe
Noch 60.	Für die Verleihung des preußischen Adels an einen ausländischen Adligen kommt die Hälfte des für die Verleihung der betreffenden Adelsstufe vorgeschriebenen Stempels in Ansatz.				
	Für sonstige nachträgliche Aenderungen oder Ergänzungen der bezüglich einer Standeserhöhung getroffenen Bestimmungen wird, sofern keine anderen Vorschriften Anwendung finden, ein Fünftel des Steuersatzes für die betreffende Standeserhöhung in Ansatz gebracht.				
	b) Wappenvermehrungen und Wappenänderungen ein Achtel der Sätze zu a.				
	Erfolgt die Wappenvermehrung und Wappenänderung in Verbindung mit einer Standeserhöhung, so kommt außerdem der für letztere vorgesehene Stempelbetrag zur Erhebung.				
	c) Erhebung eines Inbegriffs von Gütern zu einer Standesherrschaft, einem Herzogthum oder Fürstenthum	—	6000	—	
	d) Verleihung des Patents				
	für einen Kammerjunker . .	—	400	—	
	„ „ Kammerherrn . .	—	1200	—	
	sofern letzterer vorher Kammerjunker war	—	800	—	

Lfd. Nr.	Gegenstand der Besteuerung	Steuersatz v. H.	M.	Pf.	Berechnung der Stempelabgabe
	e) für die Verleihung von Titeln an Privatpersonen	—	300	—	
61.	**Statuten** von Gesellschaften, Vereinen u. s. w., s. Gesellschaftsverträge, Buchstabe e.				
62.	**Strafbescheide** der Finanzbehörden, sofern die Strafe einschließlich des Werthes der eingezogenen Gegenstände 15 Mark übersteigt	—	1	50	
63.	**Tauschverträge**, s. Kaufverträge.				
64.	**Taxen von Grundstücken**, insofern sie wegen eines Privatinteresses unter Aufsicht einer öffentlichen Behörde aufgenommen werden . .	—	1	50	
65.	**Testamente**, s. Verfügungen von Todeswegen.				
66.	**Verfügungen von Todeswegen** aller Art, auch in Form von Verträgen	—	1	50	

Zu Tarif-No. 64.

Vgl. Epp. V, S. 793.

Zu Tarif-No. 65.

Vgl. Epp. V, S. 793.

Zu Tarif-No. 66.

Auch die eigenhändigen Testamente im Geltungsgebiet des rheinischen Rechts und Nachzettel sowie Kodizille unterliegen der Stempelpflicht. K.B. S. 79.

Lfd. Nr.	Gegenstand der Besteuerung	Steuersatz v. H.	M.	Pf.	Berechnung der Stempelabgabe
67.	**Vergleiche** . . . . Ist jedoch durch den Vergleich ein unter den Parteien bisher nicht in stempelpflichtiger Form zu Stande gekommenes Rechtsgeschäft anerkannt oder im Wesentlichen aufrecht erhalten oder ein anderweites Rechtsgeschäft neu begründet worden, so ist zu dem Vergleiche, wenn diese Geschäfte nach dem gegenwärtigen Tarif einem höheren als dem für Vergleiche verordneten Stempel unterworfen sind, dieser höhere Stempel zu verwenden. Befreit sind die von Schiedsmännern und Gewerbegerichten aufgenommenen Vergleiche, sofern nicht die Voraussetzungen des vorhergehenden Absatzes Anwendung finden.	—	1	50	
68.	**Verleihungen des Bergwerkseigenthums**, Urkunden darüber (§§. 22 ff. des Allgemeinen Berg-				

Zu Tarif-No. 67.

Vgl. §. 4d und §. 15, Abs. 3 d. G. — §. 6 d. Verordnung über Errichtung von Gewerbegerichten v. 9. 2. 49 (G.S. S. 110) und §. 57, Abs. 4 d. G., betr. die Gewerbegerichte, v. 29. 7. 90 (R.G.Bl. S. 141) bezüglich der Vergleiche vor dem Gewerbegericht, die frei bleiben. (Mot. S. 56) — §. 40 d. Schiedsm.-O. v. 29. 3. 79 oben bei Tarifstelle „Ausfertigungen". — Gpp. V, S. 795.

Zu Tarif-No. 68.

Die betreffenden Bestimmungen des Berg-Ges. lauten:

§ 22. Die den gesetzlichen Erfordernissen entsprechende Muthung

Lfd. Nr.	Gegenstand der Besteuerung	Steuersatz v. H.	M.	Pf.	Berechnung der Stempelabgabe
	gesetzes für die Preußischen Staaten vom 24. Juni 1865, — Gesetz-Samml. S. 705 —)	—	50	—	
69.	**Verpflichtungsscheine**, kaufmännische, s. Schuldverschreibungen, II.				

begründet einen Anspruch auf Verleihung des Bergwerkseigenthums in dem im §. 27 bestimmten Felde.

§. 26. Das Bergwerkseigenthum wird für Felder verliehen, welche, soweit die Oertlichkeit es gestattet, von geraden Linien an der Oberfläche und von senkrechten Ebenen in die ewige Teufe begrenzt werden.

Der Flächeninhalt der Felder ist nach der horizontalen Projektion in Quadratlachtern festzustellen.

§. 30. Liegen Einsprüche und Kollisionen mit den Rechten Dritter nicht vor und findet sich auch sonst gegen die Anträge des Muthers gesetzlich nichts zu erinnern, so fertigt das Oberbergamt ohne Weiteres die Verleihungsurkunde aus.

§. 31. Liegen Einsprüche oder Kollisionen mit den Rechten Dritter vor, oder kann aus anderen gesetzlichen Gründen den Anträgen des Muthers gar nicht oder nicht in ihrem ganzen Umfange entsprochen werden, so entscheidet das Oberbergamt über die Ertheilung oder Versagung der Verleihung durch einen Beschluss, welcher dem Muther und den betheiligten Dritten in Ausfertigung zugestellt wird.

Einsprüche und Ansprüche, welche durch den Beschluss des Oberbergamts abgewiesen werden, müssen, insofern wegen derselben der Rechtsweg zulässig ist, binnen drei Monaten, vom Ablaufe des Tages, an welchem der Beschluss beziehungsweise der Rekursbescheid (§. 191) zugestellt ist, durch gerichtliche Klage verfolgt werden.

Abf. Nr.	Gegenstand der Besteuerung	Steuersatz v. H.	M.	Pf.	Berechnung der Stempelabgabe
70.	**Versicherungsverträge,** auch in der Form von Policen und deren Verlängerungen, wenn sie betreffen: a) Lebens- und Rentenversicherungen einschließlich der Versicherungen auf den Lebensfall (Altersversorgung, Aussteuer, Militärdienst und dergl.) . . . . Bei Rentenversicherungen wird der Kaufpreis und in Ermangelung eines solchen der zehnfache Betrag der Rente als Versicherungssumme angesehen.	1/20	—	—	der versicherten Summe in Abstufungen von 10 Pf. für je 200 Mark oder einen Bruchtheil dieses Betrages;

Wer von dieser Frist keinen Gebrauch macht, ist seines etwaigen Rechts verlustig.

Die in dem Verleihungsverfahren durch unbegründete Einsprüche entstehenden Kosten hat der Widersprechende zu tragen.

§. 32. Sind die der Verleihung entgegenstehenden Hindernisse (§. 31) durch die Entscheidung der Bergbehörde oder durch Richterspruch beseitigt, so fertigt das Oberbergamt die Verleihungsurkunde aus.

§. 33. Bei Ausfertigung der Verleihungsurkunde werden die beiden Exemplare des Situationsrisses (§. 17) von dem Oberbergamte beglaubigt, erforderlichen Falls aber vorher berichtigt und vervollständigt.

Das eine Exemplar des Risses erhält der Bergwerkseigenthümer, das andere wird bei der Bergbehörde aufbewahrt.

Zu Tarif-No. 70.

Nur die beurkundeten Verträge sollen von der Steuer getroffen werden. A.H. S. 2356.

Vgl. Tarifstelle „Leibrentenverträge." — R.G. i. C.S. Bd. 24 S. 295.

Lfd. Nr.	Gegenstand der Besteuerung	Steuersatz v. H.	M.	Pf.	Berechnung der Stempelabgabe
Noch 70.	Werden bei Versicherungen gleicher Art von demselben Versicherer mehrere Urkunden für dieselbe Person ausgestellt, so berechnet sich die Stempelabgabe nach dem Gesammtbetrage der versicherten Summe. Befreit sind Versicherungen, bei welchen die versicherte Summe den Betrag von 3 000 Mark nicht übersteigt.				des Gesammtbetrages der verabredeten Prämien in Abstufungen von 10 Pf. für je 20 Mark oder einen Bruchtheil dieses Betrages.
	b) Unfall- und Haftversicherungen .	1/2	—	—	d. i. 1 Pf. von Eintausend Mark der versicherten Summe in Abstufungen von 10 Pf. für je 10000 Mark oder einen Bruchtheil dieses Betrages.
	Befreit sind Versicherungen, bei denen die verabredeten Jahresprämien den Betrag von 40 Mark nicht übersteigen.				
	c) Versicherungen gegen andere Gefahren (Feuer-, Hagel-, Viehversicherungen u. s. w.) für jedes Jahr der Versicherungsdauer	1/1000	—	—	
	Jeder Bruchtheil eines Versicherungsjahres kommt bei der Versteuerung als ein volles Jahr in Betracht.				
	Die den öffentlichen Feuerversicherungsanstalten reglementsmäßig zustehenden Stempelsteuerprivilegien finden Anwendung auf alle Schriftstücke, welche sich auf den Eintritt der Versicherungs-				

Lfd. Nr.	Gegenstand der Besteuerung	Steuersatz			Berechnung der Stempelabgabe
		v. H.	M.	Pf.	
Noch 70.	nehmer in diese Anstalten oder spätere Abänderungen der Versicherungen beziehen.				
	Befreit sind:				
	1. Versicherungen, bei welchen die versicherte Summe den Betrag von 3000 Mark nicht übersteigt.				
	2. Versicherungen bei den auf Gegenseitigkeit gegründeten und nicht die Erzielung von Gewinn bezweckenden Versicherungsanstalten, deren Versicherungsbeträge durch Umlage erhoben werden und deren Geschäftsbetrieb über den Umfang einer Provinz nicht hinausgeht.				
	Befreit sind Verträge über Rückversicherungen und Transportversicherungen.				
71.	**Verträge,**				
	1. durch welche ein früherer stempelpflichtiger Vertrag lediglich aufgehoben wird	—	1	50	
	Wenn jedoch die Verabredung über die Aufhebung oder Be-				

Zu Tarif-No. 71.

War der frühere Vertrag nicht stempelpflichtig, so wird auch kein Stempel für die Wiederaufhebung gefordert. K.B. S. 87.

Die Befreiungsvorschrift bezieht sich auf die Annahme von Lehrlingen in Apotheken und in Handelsgeschäften. Mot. S. 59.

Lfd. Nr.	Gegenstand der Besteuerung	Steuersatz v. H.	M.	Pf.	Berechnung der Stempelabgabe
Noch 71.	seitigung des früheren Vertrages sich als eine in diesem Tarif besonders aufgeführte Verhandlung darstellt, so kommt derjenige Steuersatz zur Anwendung, welchem die Verabredung nach den Vorschriften dieses Tarifs unterliegt.				
	Der Finanzminister kann in besonderen Fällen den zu entrichtenden Werthstempel aus Billigkeitsrücksichten bis auf .	1/20	—	—	
	ermäßigen;				
	2. über sonstige vermögensrechtliche Gegenstände, wenn keine andere Tarifstelle zur Anwendung kommt	—	1	50	
	Ein auf unbestimmte Zeit oder auf Kündigung abgeschlossener Vertrag gilt in Betreff der Stempelpflichtigkeit als ein auf ein Jahr abgeschlossener.				
	Befreiungen:				
	a) Lehrverträge,				
	b) Verträge, durch welche Arbeits- und Dienstleistungen auf bestimmte oder unbestimmte Zeit gegen zu gewissen Zeiten wiederkehrendes Entgelt (Lohn, Gehalt und dergleichen) versprochen werden, wenn der Jahresbetrag				

Lfd. Nr.	Gegenstand der Besteuerung	Steuersatz v. H.	M.	Pf.	Berechnung der Stempelabgabe
	der Gegenleistung 1 500 Mark nicht übersteigt.				
72.	**Vokationen** der Geistlichen und Schullehrer, wie Bestallungen, s. diese.				
73.	**Vollmachten, Ermächtigungen und Aufträge** zur Vornahme von Geschäften rechtlicher Natur für den Vollmachtgeber, wenn der Werth des Gegenstandes der Vollmacht				
	500 Mark nicht übersteigt . .	—	—	50	
	1 000 " " " . .	—	1	—	
	3 000 " " " . .	—	1	50	
	6 000 " " " . .	—	3	—	
	10 000 " " " . .	—	5	—	
	15 000 " " " . .	—	7	50	
	bei einem höheren Betrage . .	—	10	—	
	wenn die Vollmacht zur Vornahme aller oder gewisser Gattungen von Geschäften für den Vollmachtgeber ermächtigt (Generalvollmacht) und der Werth des Gegenstandes 50 000 Mark übersteigt	—	20	—	

Zu Tarif-No. 73.

Den Gegenstand der Vollmacht im Sinne der Tarifstelle bilden alle Geschäfte rechtlicher Natur ohne Beschränkung auf das privatrechtliche Gebiet. Mot. S. 59.

Wenn eine Person mehrere Bevollmächtigte bestellt, so ist der Vollmachtsstempel nur einmal zu nehmen. A.H. S. 2365.

Vgl. §. 4, letzter Abs. d. G. — R.G. i. C.S. Bd. 25, S. 222. — §§. 5, 147 A.L.R. I 13, — §. 84 d. C.P.O.

Lfd. Nr.	Gegenstand der Besteuerung	Steuersatz v. H.	M.	Pf.	Berechnung der Stempelabgabe
Noch 73.	Steht der Bevollmächtigte in einem Dienstverhältnisse zu dem Vollmachtgeber, höchstens	—	1	50	
	Wenn der Werth des Gegenstandes der Vollmacht nicht schätzbar ist, wenn es sich insbesondere um Vollmachten zur Ausübung des Stimmrechts in Gesellschaften aller Art handelt	—	1	50	
	Bei Prozeßvollmachten treten an Stelle der Steuersätze des ersten Absatzes von 3, 5, 7,50, 10, die Steuersätze von 2, 3, 4, 5 Mark.				
	Schriftstücke, in welchen Jemand einem Dritten gegenüber erklärt, daß er einem Anderen die Vornahme einer Angelegenheit rechtlicher Natur aufgetragen habe, sind dem Stempel nicht unterworfen, sofern nicht die Verkehrssitte eine Vollmacht in diesen Fällen erfordert und durch das Schriftstück die förmliche Vollmacht ersetzt werden soll.				
	Zu Vollmachten, in denen mehrere, nicht in einer Erb- oder sonstigen Rechtsgemeinschaft stehende Personen einen Bevollmächtigten bestellen, ist der Vollmachtstempel so oft zu verwenden, als Vollmachtgeber vorhanden sind.				

Lfd. Nr.	Gegenstand der Besteuerung	Steuersatz v. H.	M.	Pf.	Berechnung der Stempelabgabe
Noch 73.	Wenn bei einer gerichtlichen oder notariellen Versteigerung durch die Kaufbedingungen oder durch besondere Erklärungen bestimmte Personen bevollmächtigt werden, nach erfolgtem Zuschlage für die Versteiglasser oder für die Ansteigerer die Auflassungserklärung abzugeben und für die Ansteigerer die Eintragung der Steigpreise zu bewirken, so ist der Vollmachtstempel ohne Rücksicht auf die Anzahl der Betheiligten und der abzugebenden Erklärungen nur einmal in Ansatz zu bringen, sofern nach Inhalt des Protokolls die Vollmacht auf einen Zeitraum von längstens drei Tagen nach Ablauf des Tages, an welchem der Zuschlag erfolgt, beschränkt wird. Substitutionen bei einer Prozeßvollmacht, welche nicht in einer nach diesem Tarif einem besonderen Stempel unterliegenden Verhandlung ausgestellt werden, sind stempelfrei, sofern über die ursprüngliche Vollmacht eine vorschriftsmäßig versteuerte Urkunde vorhanden und dies entweder auf der Substitutionsvollmacht vermerkt ist, oder die ursprüngliche Vollmacht sich bei den Gerichtsakten befindet,				

Lfd. Nr.	Gegenstand der Besteuerung	Steuersatz v. H.	M.	Pf.	Berechnung der Stempelabgabe
74.	**Vorrechtseinräumungen** (Prioritätscessionen)	—	1	50	
75.	**Werkverdingungsverträge**, inhalts deren der Uebernehmer auch das Material für das übernommene Werk ganz oder theilweise anzuschaffen hat, sind, falls letzteres in der Herstellung beweglicher Sachen besteht, wie Lieferungsverträge unter Zugrundelegung des für das Werk bedungenen Gesammtpreises zu versteuern. Handelt es sich bei dem verdungenen Werk um eine nicht bewegliche Sache, so ist der Werkverdingungsvertrag so zu versteuern, als wenn über die zu dem Werk erforderlichen, von dem Unternehmer anzuschaffenden beweglichen Gegenstände in demjenigen Zustande, in welchem sie mit dem Grund und Boden in dauernde Verbindung gebracht werden sollen, ein dem Steuersatz der Tarifstelle „Kauf- und Tauschverträge" Buchstabe c oder der Ziffer 3 der „Ermäßigungen und Befreiungen" dieser Tarifstelle unterliegender Lieferungsvertrag und außerdem hin-				

Zu Tarif-No. 74.
Vgl. R.G. i. C.S. Bd. 27, S. 285.

Lfd. Nr.	Gegenstand der Besteuerung	Steuersatz v. H.	M.	Pf.	Berechnung der Stempelabgabe
	sichtlich des Werthes der Arbeitsleistung ein dem Steuersatz der Tarifstelle „Verträge" Ziffer 2 unterworfener Arbeitsvertrag abgeschlossen wäre. Die Vorschrift des §. 10 dieses Gesetzes findet entsprechende Anwendung dergestalt, daß, insoweit eine Trennung des Gesammtpreises nicht vorgenommen ist, der höchste Steuersatz zu entrichten ist.				
76.	**Wiederaufhebung** von Verträgen, s. Verträge, Ziffer 1.				
77.	**Zeugnisse, amtliche in Privatsachen,** innerhalb der Zuständigkeit der ausstellenden Behörde oder des ausstellenden Beamten ertheilte. .	—	1	50	
	Beurkundungen der Gerichtsvollzieher nach §. 17 der Hinterlegungsordnung vom 14. März 1879 (Gesetz-Samml. S. 249)	—	—	50	

Zu Tarif-No. 77.

Die betreffende Bestimmung der Hinterl.-O. lautet:

§. 17. Die Gerichtsvollzieher sind zuständig, die Aufgabe des Geldes zur Post zu beurkunden.

Die Urkunde soll enthalten:

1) die Angabe, zu welcher Zeit, unter welcher Adresse und bei welcher Postanstalt die Sendung aufgegeben ist;
2) die Bezeichnung der Art des Verschlusses und der Verpackung des Geldes;

Lfd. Nr.	Gegenstand der Besteuerung	Steuersatz v. H.	M.	Pf.	Berechnung der Stempelabgabe
Noch 77.	Befreit sind: a) Zeugnisse, auf Grund deren ein anderes amtliches Zeugniß oder ein Paß (Reise- oder Leichenpaß, Paßkarte) ausgestellt werden soll; b) Zeugnisse aller Art, welche von Geistlichen in Bezug auf kirchliche Handlungen ertheilt werden, insbesondere Geburts-, Tauf-, Aufgebots-, Ehe-, Trau-, Todten- und Beerdigungsscheine; c) Zeugnisse, welche zum Nachweise der Berechtigung zum Genusse von Wohlthaten, Stiftungen und anderen Bezügen für hülfsbedürftige Personen dienen sollen oder welche wegen Zahlung von Wartegeldern, Pensionen, Unterstützungsgeldern, Krankengeldern, Beerdigungs-				

3) die Bezeichnung der Summe und der Gattungen desselben;

4) eine Abschrift der in Gemässheit der §§. 14, 15 der Hinterlegungsstelle eingesandten Erklärung;

5) die Unterschrift des Gerichtsvollziehers.

§. 25. Innerhalb des Gebiets des Deutschen Reichs geschieht, wenn der Berechtigte in dem Gesuche um Auszahlung es beantragt und soweit die Posteinrichtungen es gestatten, die Uebersendung des Betrages durch die Post. Kann die Uebersendung mittels einer Postanweisung geschehen, so ist sie auf diesem Wege zu bewirken.

Uebersteigt der zu übersendende Betrag die Summe von dreitausend Mark, so darf die Uebersendung durch die Post nur geschehen, wenn die Unterschrift des Berechtigten durch eine zur

Lfd. Nr.	Gegenstand der Besteuerung	Steuersatz v. H.	M.	Pf.	Berechnung der Stempelabgabe
Noch 77.	kosten, Wittwen- und Waisengeldern und ähnlichen Kosten und Geldern als Rechnungsbeläge bei öffentlichen oder privaten Kassen und Anstalten eingereicht werden müssen; d) Führungszeugnisse, insoweit sie nicht zur Erlangung der in den Tarifstellen „Erlaubnißertheilungen" und „Lustbarkeiten" aufgeführten Genehmigungen u. s. w. erforderlich sind. Den Führungszeugnissen stehen gleich Zeugnisse über geleistete Arbeiten in Anstalten, welche von unmittelbaren oder mittelbaren Staatsbehörden betrieben werden; e) Beglaubigungen von Unterschriften unter Anträgen und Verhandlungen, die nach ihrem Inhalt ausschließlich zu einer Eintragung				

öffentlichen Beglaubigung von Unterschriften zuständige Behörde oder Urkundsperson beglaubigt ist. Der Aufnahme eines Protokolls über die Beglaubigung und der Zuziehung von Zeugen bedarf es nicht.

Auch diejenigen Zeugnisse sollen von der Stempelpflicht umfaßt werden, deren Ausstellung zum Theil aus Gründen des öffentlichen Wohles, zum Theil im Interesse Privater veranlaßt worden ist. Mot. S. 61.

Das mit dem Revisionsvermerk des Revierbeamten versehene und dem Muthenden zurückgegebene Duplikat der Muthung ist stempelpflichtig, weil sich der Präsentationsvermerk der Behörde als amtliches Zeugniß darstellt (Berg-Ges. §. 33). A.H. S. 2366.

Vgl. §. 1. Abs. 2 d. G.

Lfd. Nr.	Gegenstand der Besteuerung	Steuersatz v. H.	M.	Pf.	Berechnung der Stempelabgabe
Noch 77.	oder Löschung in öffentlichen, das Eigenthum und die Belastung von Grundstücken und selbstständigen Gerechtigkeiten feststellenden Büchern erforderlich sind, sowie die mit solchen Beglaubigungen verbundenen Zeugnisse über die Vertretungsbefugniß der Betheiligten;				
	f) Beglaubigungen von Unterschriften der Gesuche um Auszahlung hinterlegter Gelder nach §. 25 Absatz 2 der Hinterlegungsordnung vom 14. März 1879 (Gesetz-Samml. S. 249).				
	In den unter a und c bezeichneten Fällen tritt die Stempelfreiheit nur dann ein, wenn der dieselbe begründende Zweck aus der Urkunde hervorgeht. Wird von den Attesten zu anderen Zwecken nachträglich Gebrauch gemacht, so ist der Stempel nachzuverwenden.				
78.	**Zuschlagsbescheide**, wie Kaufverträge, s. diese.				

Tabelle

über

den gegenwärtigen Kapitalwerth einer Rente oder Nutzung im Werthe von 1 Mark auf eine bestimmte Anzahl von Jahren behufs Berechnung der davon zu entrichtenden Stempelsteuer.

(Zu §. 6 des Gesetzes.)

Anzahl der Jahre	Kapitalwerth M.	Kapitalwerth Pf.	Anzahl der Jahre	Kapitalwerth M.	Kapitalwerth Pf.
1	1	0,0	22	15	02,9
2	1	96,2	23	15	45,1
3	2	88,6	24	15	85,7
4	3	77,5	25	16	24,7
5	4	63,0	26	16	62,2
6	5	45,1	27	16	98,3
7	6	24,2	28	17	33,0
8	7	00,2	29	17	66,3
9	7	73,3	30	17	98,4
10	8	43,5	31	18	29,0
11	9	11,1	32	18	58,9
12	9	76,0	33	18	87,4
13	10	38,5	34	19	14,8
14	10	98,6	35	19	41,1
15	11	56,3	36	19	66,5
16	12	11,8	37	19	90,8
17	12	65,2	38	20	14,3
18	13	16,6	39	20	36,8
19	13	65,9	40	20	58,5
20	14	13,4	41	20	79,3
21	14	59,0	42	20	99,3

Tabelle

über

den gegenwärtigen Kapitalwerth einer Rente oder Nutzung im Werthe von 1 Mark auf eine bestimmte Anzahl von Jahren behufs Berechnung der davon zu entrichtenden Stempelsteuer.

(Zu §. 6 des Gesetzes.)

Anzahl der Jahre	Kapitalwerth M.	Kapitalwerth Pf.	Anzahl der Jahre	Kapitalwerth M.	Kapitalwerth Pf.
43	21	18,6	64	23	88,7
44	21	37,1	65	23	96,9
45	21	54,9	66	24	04,7
46	21	72,0	67	24	12,2
47	21	88,5	68	24	19,4
48	22	04,3	69	24	26,4
49	22	19,5	70	24	33,0
50	22	34,2	71	24	39,5
51	22	48,2	72	24	45,6
52	22	61,8	73	24	51,6
53	22	74,8	74	24	57,3
54	22	87,3	75	24	62,8
55	22	99,3	76	24	68,0
56	23	10,9	77	24	73,1
57	23	22,0	78	24	78,0
58	23	32,7	79	24	82,7
59	23	43,0	80	24	87,2
60	23	52,8	81	24	91,5
61	23	62,4	82	24	95,7
62	23	71,5	83	24	99,7
63	23	80,3	84 und mehr.	25	00,0

Tabelle I.

Stempelabgabe zu 1/1000 vom Hundert:

Für Versicherungen außer Lebens-, Renten-, Unfall- und Haftpflichtversicherungen — Tarif-No. 70 c — (Feuer-, Hagel-, Viehversicherungen u. s. w.) für jedes Jahr der Versicherungsdauer.

Betrag der versicherten Summe		Stempelabgabe		Betrag der versicherten Summe		Stempelabgabe	
M.	M.	M.	Pf.	M.	M.	M.	Pf.
über	bis			über	bis		
	3 000	—	—	150 000	160 000	1	60
3 000	10 000	—	10	160 000	170 000	1	70
10 000	20 000	—	20	170 000	180 000	1	80
20 000	30 000	—	30	180 000	190 000	1	90
30 000	40 000	—	40	190 000	200 000	2	—
40 000	50 000	—	50	200 000	210 000	2	10
50 000	60 000	—	60	210 000	220 000	2	20
60 000	70 000	—	70	220 000	230 000	2	30
70 000	80 000	—	80	230 000	240 000	2	40
80 000	90 000	—	90	240 000	250 000	2	50
90 000	100 000	1	—	250 000	260 000	2	60
100 000	110 000	1	10	260 000	270 000	2	70
110 000	120 000	1	20	270 000	280 000	2	80
120 000	130 000	1	30	280 000	290 000	2	90
130 000	140 000	1	40	290 000	300 000	3	—
140 000	150 000	1	50	300 000	310 000	3	10

Betrag der versicherten Summe M.	M.	Stempelabgabe M.	Pf.	Betrag der versicherten Summe M.	M.	Stempelabgabe M.	Pf.
über	bis			über	bis		
310 000	320 000	3	20	470 000	480 000	4	80
320 000	330 000	3	30	480 000	490 000	4	90
330 000	340 000	3	40	490 000	500 000	5	—
340 000	350 000	3	50	500 000	510 000	5	10
350 000	360 000	3	60	510 000	520 000	5	20
360 000	370 000	3	70	520 000	530 000	5	30
370 000	380 000	3	80	530 000	540 000	5	40
380 000	390 000	3	90	540 000	550 000	5	50
390 000	400 000	4	—	550 000	560 000	5	60
400 000	410 000	4	10	560 000	570 000	5	70
410 000	420 000	4	20	570 000	580 000	5	80
420 000	430 000	4	30	580 000	590 000	5	90
430 000	440 000	4	40	590 000	600 000	6	—
440 000	450 000	4	50	u. s. w. von jeden angefangenen 10 000 Mk. 10 Pf. mehr.			
450 000	460 000	4	60				
460 000	470 000	4	70				

Tabelle IIa.

Stempelabgabe zu 1/50 vom Hundert:

a. Für Beurkundungen über die Abtretung von Rechten und für den Antrag auf Eintragung der Abtretung einer Hypothek oder Grundschuld im Grundbuche oder in einem für solche Eintragungen bestimmten öffentlichen Buche — Tarif-Nr. 2 Abs. 1 und 4 — (Mindestbetrag 1 Mark);

b. für Gesellschaftsverträge, betreffend die Errichtung von Aktiengesellschaften oder Kommandit-Gesellschaften auf Aktien, sowie die Erhöhung des Aktien- oder Grundkapitals solcher Gesellschaften — Tarif-Nr. 25a;

c. für Gesellschaftsverträge, betreffend die Errichtung von Gesellschaften mit beschränkter Haftung, falls das Stammkapital 100 000 Mark oder weniger beträgt — Tarif-Nr. 25a Abs. 1 Nr. 1;

d. für Gesellschaftsverträge, betreffend die Erhöhung des Stammkapitals von Gesellschaften mit beschränkter Haftung, falls dasselbe nach der Erhöhung nicht mehr als 100 000 Mark beträgt — Tarif-Nr. 25a Abs. 2 Nr. 1;

e. für Gesellschaftsverträge, betreffend das Einbringen von nicht in Geld bestehendem Vermögen in eine Aktiengesellschaft, Kommanditgesellschaft auf Aktien oder Gesellschaft mit beschränkter Haftung bei Errichtung derselben oder in eine bereits bestehende Gesellschaft dieser Art, insoweit das eingebrachte Vermögen aus Forderungsrechten besteht — Tarif-Nr. 25c Abs. 4.;

f. für Gesellschaftsverträge, betreffend die Ueberlassung der Rechte an dem Gesellschaftsvermögen seitens eines Gesellschafters oder dessen Erben an einen anderen Gesellschafter, die Gesellschaft oder einen Dritten oder die Abfindung eines Gesellschafters bei Auflösung der Gesellschaft — Tarif-Nr. 25d;

g. für Gesellschaftsverträge, betreffend die Ueberlassung von Sachen oder Rechten seitens der Gesellschaft zum Sondereigenthum an einen Gesellschafter oder dessen Erben, insoweit das überlassene Gesellschaftsvermögen aus Forderungsrechten besteht — Tarif-Nr. 25d Abs. 6.

Werth des Gegenstandes		Stempelabgabe		Werth des Gegenstandes		Stempelabgabe	
M.	M.	M.	Pf.	M.	M.	M.	Pf.
über	bis			über	bis		
	150	—	—	25 000	27 500	5	50
150	2 500	0	50	27 500	30 000	6	—
2 500	5 000	1	—	30 000	32 500	6	50
5 000	7 500	1	50	32 500	35 000	7	—
7 500	10 000	2	—	35 000	37 500	7	50
10 000	12 500	2	50	37 500	40 000	8	—
12 500	15 000	3	—	40 000	42 500	8	50
15 000	17 500	3	50	42 500	45 000	9	—
17 500	20 000	4	—	45 000	47 500	9	50
20 000	22 500	4	50	47 500	50 000	10	—
22 500	25 000	5	—	50 000	52 500	10	50

Werth des Gegenstandes		Stempelabgabe		Werth des Gegenstandes		Stempelabgabe	
M.	M.	M.	Pf.	M.	M.	M.	Pf.
über	bis			über	bis		
52 500	55 000	11	—	110 000	112 500	22	50
55 000	57 500	11	50	112 500	115 000	23	—
57 500	60 000	12	—	115 000	117 500	23	50
60 000	62 500	12	50	117 500	120 000	24	—
62 500	65 000	13	—	120 000	122 500	24	50
65 000	67 500	13	50	122 500	125 000	25	—
67 500	70 000	14	—	125 000	127 500	25	50
70 000	72 500	14	50	127 500	130 000	26	—
72 500	75 000	15	—	130 000	132 500	26	50
75 000	77 500	15	50	132 500	135 000	27	00
77 500	80 000	16	—	135 000	137 500	27	50
80 000	82 500	16	50	137 500	140 000	28	—
82 500	85 000	17	—	140 000	142 500	28	50
85 000	87 500	17	50	142 500	145 000	29	—
87 500	90 000	18	—	145 000	147 500	29	50
90 000	92 500	18	50	147 500	150 000	30	—
92 500	95 000	19	—	150 000	152 500	30	50
95 000	97 500	19	50	152 500	155 000	31	—
97 500	100 000	20	—	155 000	157 500	31	50
100 000	102 500	20	50	157 500	160 000	32	—
102 500	105 000	21	—	160 000	162 500	32	50
105 000	107 500	21	50	162 500	165 000	33	—
107 500	110 000	22	—	165 000	167 500	33	50

Werth des Gegenstandes		Stempelabgabe		Werth des Gegenstandes		Stempelabgabe	
M.	M.	M.	Pf.	M.	M.	M.	Pf.
über	bis			über	bis		
167 500	170 000	34	—	212 500	215 000	43	—
170 000	172 500	34	50	215 000	217 500	43	50
172 500	175 000	35	—	217 500	220 000	44	—
175 000	177 500	35	50	220 000	222 500	44	50
177 500	180 000	36	—	222 500	225 000	45	—
180 000	182 500	36	50	225 000	227 500	45	50
182 500	185 000	37	—	227 500	230 000	46	—
185 000	187 500	37	50	230 000	232 500	46	50
187 500	190 000	38	—	232 500	235 000	47	—
190 000	192 500	38	50	235 000	237 500	47	50
192 500	195 000	39	—	237 500	240 000	48	—
195 000	197 500	39	50	240 000	242 500	48	50
197 500	200 000	40	—	242 500	245 000	49	—
200 000	202 500	40	50	245 000	247 500	49	50
202 500	205 000	41	—	247 500	250 000	50	—
205 000	207 500	41	50	u. s. w. von jeden angefangenen 2500 Mk. 50 Pf. mehr.			
207 500	210 000	42	—				
210 000	212 500	42	50				

Tabelle IIb.

Stempelabgabe zu $^1/_{50}$ vom Hundert:

a) für Schuldverschreibungen über Darlehen, welche innerhalb Jahresfrist oder in einem kürzeren Zeitraum zurückzuzahlen sind, und für die Erweiterung der Rückzahlungsfrist durch schriftliche Verabredungen über die Verlängerung der Darlehen oder durch Ausstellung neuer Schuldverschreibungen bis zu einem Zeitraum von einem Jahre — Tarif-Nr. 58: Ermäßigungen b und b Abs. 1;

b) für kaufmännische, nicht auf Order ausgestellte Verpflichtungsscheine über Leistungen von Geld — Tarif-Nr. 58 II.

Werth des Gegenstandes		Stempelabgabe		Werth des Gegenstandes		Stempelabgabe	
M.	M.	M.	Pf.	M.	M.	M.	Pf.
über	bis			über	bis		
	150	—	—	8 000	9 000	1	80
150	1 000	—	20	9 000	10 000	2	—
1 000	2 000	—	40	10 000	11 000	2	20
2 000	3 000	—	60	11 000	12 000	2	40
3 000	4 000	—	80	12 000	13 000	2	60
4 000	5 000	1	—	13 000	14 000	2	80
5 000	6 000	1	20	14 000	15 000	3	—
6 000	7 000	1	40	15 000	16 000	3	20
7 000	8 000	1	60	16 000	17 000	3	40

Werth des Gegenstandes		Stempelabgabe		Werth des Gegenstandes		Stempelabgabe	
M.	M.	M.	Pf.	M.	M.	M.	Pf.
über	bis			über	bis		
17 000	18 000	3	60	40 000	41 000	8	20
18 000	19 000	3	80	41 000	42 000	8	40
19 000	20 000	4	—	42 000	43 000	8	60
20 000	21 000	4	20	43 000	44 000	8	80
21 000	22 000	4	40	44 000	45 000	9	—
22 000	23 000	4	60	45 000	46 000	9	20
23 000	24 000	4	80	46 000	47 000	9	40
24 000	25 000	5	—	47 000	48 000	9	60
25 000	26 000	5	20	48 000	49 000	9	80
26 000	27 000	5	40	49 000	50 000	10	—
27 000	28 000	5	60	50 000	51 000	10	20
28 000	29 000	5	80	51 000	52 000	10	40
29 000	30 000	6	—	52 000	53 000	10	60
30 000	31 000	6	20	53 000	54 000	10	80
31 000	32 000	6	40	54 000	55 000	11	—
32 000	33 000	6	60	55 000	56 000	11	20
33 000	34 000	6	80	56 000	57 000	11	40
34 000	35 000	7	—	57 000	58 000	11	60
35 000	36 000	7	20	58 000	59 000	11	80
36 000	37 000	7	40	59 000	60 000	12	—
37 000	38 000	7	60	60 000	61 000	12	20
38 000	39 000	7	80	61 000	62 000	12	40
39 000	40 000	8	—	62 000	63 000	12	60

Werth des Gegenstandes		Stempelabgabe		Werth des Gegenstandes		Stempelabgabe	
M.	M.	M.	Pf	M.	M.	M.	Pf.
über	bis			über	bis		
63 000	64 000	12	80	83 000	84 000	16	80
64 000	65 000	13	—	84 000	85 000	17	—
65 000	66 000	13	20	85 000	86 000	17	20
66 000	67 000	13	40	86 000	87 000	17	40
67 000	68 000	13	60	87 000	88 000	17	60
68 000	69 000	13	80	88 000	89 000	17	80
69 000	70 000	14	—	89 000	90 000	18	—
70 000	71 000	14	20	90 000	91 000	18	20
71 000	72 000	14	40	91 000	92 000	18	40
72 000	73 000	14	60	92 000	93 000	18	60
73 000	74 000	14	80	93 000	94 000	18	80
74 000	75 000	15	—	94 000	95 000	19	—
75 000	76 000	15	20	95 000	96 000	19	20
76 000	77 000	15	40	96 000	97 000	19	40
77 000	78 000	15	60	97 000	98 000	19	60
78 000	79 000	15	80	98 000	99 000	19	80
79 000	80 000	16	—	99 000	100 000	20	—
80 000	81 000	16	20	u. s. w. von jeden angefangenen 1000 Mk. 20 Pf. mehr.			
81 000	82 000	16	40				
82 000	83 000	16	60				

Tabelle III.

Stempelabgabe zu 1/25 vom Hundert:

Für Erbrezesse — Tarif-Nr. 20 —; Mindestbetrag 1,50 M. (Erbrezesse über erbschaftssteuerfreie Erbschaften stets nur 1,50 M.)

Werth des Reinnachlasses		Stempelbetrag		Werth des Reinnachlasses		Stempelbetrag	
M.	M.	M.	Pf.	M.	M.	M.	Pf.
über	bis			über	bis		
	150	—	—	22 500	23 750	9	50
150	3 750	1	50	23 750	25 000	10	—
3 750	5 000	2	—	25 000	26 250	10	50
5 000	6 250	2	50	26 250	27 500	11	—
6 250	7 500	3	—	27 500	28 750	11	50
7 500	8 750	3	50	28 750	30 000	12	—
8 750	10 000	4	—	30 000	31 250	12	50
10 000	11 250	4	50	31 250	32 500	13	—
11 250	12 500	5	—	32 500	33 750	13	50
12 500	13 750	5	50	33 750	35 000	14	—
13 750	15 000	6	—	35 000	36 250	14	50
15 000	16 250	6	50	36 250	37 500	15	—
16 250	17 500	7	—	37 500	38 750	15	50
17 500	18 750	7	50	38 750	40 000	16	—
18 750	20 000	8	—	40 000	41 250	16	50
20 000	21 250	8	50	41 250	42 500	17	—
21 250	22 500	9	—	42 500	43 750	17	50

Werth des Reinnachlasses M.	M.	Stempelbetrag M.	Pf.	Werth des Reinnachlasses M.	M.	Stempelbetrag M.	Pf.
über	bis			über	bis		
43 750	45 000	18	—	72 500	73 750	29	50
45 000	46 250	18	50	73 750	75 000	30	—
46 250	47 500	19	–	75 000	76 250	30	50
47 500	48 750	19	50	76 250	77 500	31	—
48 750	50 000	20	–	77 500	78 750	31	50
50 000	51 250	20	50	78 750	80 000	32	—
51 250	52 500	21	—	80 000	81 250	32	50
52 500	53 750	21	50	81 250	82 500	33	—
53 750	55 000	22	—	82 500	83 750	33	50
55 000	56 250	22	50	83 750	85 000	34	—
56 250	57 500	23	—	85 000	86 250	34	50
57 500	58 750	23	50	86 250	87 500	35	—
58 750	60 000	24	–	87 500	88 750	35	50
60 000	61 250	24	50	88 750	90 000	36	—
61 250	62 500	25	–	90 000	91 250	36	50
62 500	63 750	25	50	91 250	92 500	37	—
63 750	65 000	26	—	92 500	93 750	37	50
65 000	66 250	26	50	93 750	95 000	38	—
66 250	67 500	27	–	95 000	96 250	38	50
67 500	68 750	27	50	96 250	97 500	39	—
68 750	70 000	28	—	97 500	98 750	39	50
70 000	71 250	28	50	98 750	100 000	40	—
71 250	72 500	29	—	u. s. w. von jeden angefangenen 1250 M. 50 Pf. mehr.			

Tabelle VIa.

Stempelabgabe zu 1/20 vom Hundert:

Für Lebens- und Rentenversicherungen einschließlich der Versicherungen auf den Lebensfall (Altersversorgung, Aussteuer, Militärdienst u. dergl.)

Tarif-Nr. 70a.

Betrag der versicherten Summe		Stempelabgabe		Betrag der versicherten Summe		Stempelabgabe	
M.	M.	M.	Pf.	M.	M.	M.	Pf.
über	bis			über	bis		
	3 000	—	—	6 000	6 200	3	10
3 000	3 200	1	60	6 200	6 400	3	20
3 200	3 400	1	70	6 400	6 600	3	30
3 400	3 600	1	80	6 600	6 800	3	40
3 600	3 800	1	90	6 800	7 000	3	50
3 800	4 000	2	—	7 000	7 200	3	60
4 000	4 200	2	10	7 200	7 400	3	70
4 200	4 400	2	20	7 400	7 600	3	80
4 400	4 600	2	30	7 600	7 800	3	90
4 600	4 800	2	40	7 800	8 000	4	—
4 800	5 000	2	50	8 000	8 200	4	10
5 000	5 200	2	60	8 200	8 400	4	20
5 200	5 400	2	70	8 400	8 600	4	30
5 400	5 600	2	80	8 600	8 800	4	40
5 600	5 800	2	90	8 800	9 000	4	50
5 800	6 000	3	—	9 000	9 200	4	60

Betrag der versicherten Summe		Stempelabgabe		Betrag der versicherten Summe		Stempelabgabe	
M.	M.	M.	Pf.	M.	M.	M.	Pf.
über	bis			über	bis		
9 200	9 400	4	70	13 800	14 000	7	—
9 400	9 600	4	80	14 000	14 200	7	10
9 600	9 800	4	90	14 200	14 400	7	20
9 800	10 000	5	—	14 400	14 600	7	30
10 000	10 200	5	10	14 600	14 800	7	40
10 200	10 400	5	20	14 800	15 000	7	50
10 400	10 600	5	30	15 000	15 200	7	60
10 600	10 800	5	40	15 200	15 400	7	70
10 800	11 000	5	50	15 400	15 600	7	80
11 000	11 200	5	60	15 600	15 800	7	90
11 200	11 400	5	70	15 800	16 000	8	—
11 400	11 600	5	80	16 000	16 200	8	10
11 600	11 800	5	90	16 200	16 400	8	20
11 800	12 000	6	—	16 400	16 600	8	30
12 000	12 200	6	10	16 600	16 800	8	40
12 200	12 400	6	20	16 800	17 000	8	50
12 400	12 600	6	30	17 000	17 200	8	60
12 600	12 800	6	40	17 200	17 400	8	70
12 800	13 000	6	50	17 400	17 600	8	80
13 000	13 200	6	60	17 600	17 800	8	90
13 200	13 400	6	70	17 800	18 000	9	—
13 400	13 600	6	80	18 000	18 200	9	10
13600	13 800	6	90	18 200	18 400	9	20

Betrag der versicherten Summe M.	M.	Stempelabgabe M.	Pf.	Betrag der versicherten Summe M.	M.	Stempelabgabe M.	Pf.
über	bis			über	bis		
18 400	18 600	9	30	23 000	23 200	11	60
18 600	18 800	9	40	23 200	23 400	11	70
18 800	19 000	9	50	23 400	23 600	11	80
19 000	19 200	9	60	23 600	23 800	11	90
19 200	19 400	9	70	23 800	24 000	12	—
19 400	19 600	9	80	24 000	24 200	12	10
19 600	19 800	9	90	24 200	24 400	12	20
19 800	20 000	10	—	24 400	24 600	12	30
20 000	20 200	10	10	24 600	24 800	12	40
20 200	20 400	10	20	24 800	25 000	12	50
20 400	20 600	10	30	25 000	25 200	12	60
20 600	20 800	10	40	25 200	25 400	12	70
20 800	21 000	10	50	25 400	25 600	12	80
21 000	21 200	10	60	25 600	25 800	12	90
21 200	21 400	10	70	25 800	26 000	13	—
21 400	21 600	10	80	26 000	26 200	13	10
21 600	21 800	10	90	26 200	26 400	13	20
21 800	22 000	11	—	26 400	26 600	13	30
22 000	22 200	11	10	26 600	26 800	13	40
22 200	22 400	11	20	26 800	27 000	13	50
22 400	22 600	11	30	27 000	27 200	13	60
22 600	22 800	11	40	27 200	27 400	13	70
22 800	23 000	11	50	27 400	27 600	13	80

Betrag der versicherten Summe		Stempelabgabe		Betrag der versicherten Summe		Stempelabgabe	
M.	M.	M.	Pf.	M.	M.	M.	Pf.
über	bis			über	bis		
27 600	27 800	13	90	32 200	32 400	16	20
27 800	28 000	14	—	32 400	32 600	16	30
28 000	28 200	14	10	32 600	32 800	16	40
28 200	28 400	14	20	32 800	33 000	16	50
28 400	28 600	14	30	33 000	33 200	16	60
28 600	28 800	14	40	33 200	33 400	16	70
28 800	29 000	14	50	33 400	33 600	16	80
29 000	29 200	14	60	33 600	33 800	16	90
29 200	29 400	14	70	33 800	34 000	17	—
29 400	29 600	14	80	34 000	34 200	17	10
29 600	29 800	14	90	34 200	34 400	17	20
29 800	30 000	15	—	34 400	34 600	17	30
30 000	30 200	15	10	34 600	34 800	17	40
30 200	30 400	15	20	34 800	35 000	17	50
30 400	30 600	15	30	35 000	35 200	17	60
30 600	30 800	15	40	35 200	35 400	17	70
30 800	31 000	15	50	35 400	35 600	17	80
31 000	31 200	15	60	35 600	35 800	17	90
31 200	31 400	15	70	35 800	36 000	18	—
31 400	31 600	15	80	36 000	36 200	18	10
31 600	31 800	15	90	36 200	36 400	18	20
31 800	32 000	16	—	36 400	36 600	18	30
32 000	32 200	16	10	36 600	36 800	18	40

Betrag der versicherten Summe		Stempelabgabe		Betrag der versicherten Summe		Stempelabgabe	
M.	M.	M.	Pf.	M.	M.	M.	M.
über	bis			über	bis		
36 800	37 000	18	50	41 400	41 600	20	80
37 000	37 200	18	60	41 600	41 800	20	90
37 200	37 400	18	70	41 800	42 000	21	—
37 400	37 600	18	80	42 000	42 200	21	10
37 600	37 800	18	90	42 200	42 400	21	20
37 800	38 000	19	—	42 400	42 600	21	30
38 000	38 200	19	10	42 600	42 800	21	40
38 200	38 400	19	20	42 800	43 000	21	50
38 400	38 600	19	30	43 000	43 200	21	60
38 600	38 800	19	40	43 200	43 400	21	70
38 800	39 000	19	50	43 400	43 600	21	80
39 000	39 200	19	60	43 600	43 800	21	90
39 200	39 400	19	70	43 800	44 000	22	—
39 400	39 600	19	80	44 000	44 200	22	10
39 600	39 800	19	90	44 200	44 400	22	20
39 800	40 000	20	—	44 400	44 600	22	30
40 000	40 200	20	10	44 600	44 800	22	40
40 200	40 400	20	20	44 800	45 000	22	50
40 400	40 600	20	30	45 000	45 200	22	60
40 600	40 800	20	40	45 200	45 400	22	70
40 800	41 000	20	50	45 400	45 600	22	80
41 000	41 200	20	60	45 600	45 800	22	90
41 200	41 400	20	70	45 800	46 000	23	—

Betrag der versicherten Summe		Stempelabgabe		Betrag der versicherten Summe		Stempelabgabe	
M.	M.	M.	Pf.	M.	M.	M.	Pf.
über	bis			über	bis		
46 000	46 200	23	10	48 400	48 600	24	30
46 200	46 400	23	20	48 600	48 800	24	40
46 400	46 600	23	30	48 800	49 000	24	50
46 600	46 800	23	40	49 000	49 200	24	60
46 800	47 000	23	50	49 200	49 400	24	70
47 000	47 200	23	60	49 400	49 600	24	80
47 200	47 400	23	70	49 600	49 800	24	90
47 400	47 600	23	80	49 800	50 000	25	—
47 600	47 800	23	90				
47 800	48 000	24	—	u. s. w. von jeden angefangenen 200 Mk. 10 Pf. mehr.			
48 000	48 200	24	10				
48 200	48 400	24	20				

Tabelle IVb.

Stempelabgabe zu 1/20 vom Hundert:

Im Fall der Ermäßigung des Werthstempels zu Verträgen, welche die Aufhebung oder Beseitigung eines früheren stempelpflichtigen Vertrages bezwecken — Tarif-Nummer 71 I Abs. 3.

Werth des Gegenstandes		Stempelabgabe		Werth des Gegenstandes		Stempelabgabe	
M.	M.	M.	Pf.	M.	M.	M.	Pf.
über	bis			über	bis		
	150	—	—	15 000	16 000	8	—
150	1 000	—	50	16 000	17 000	8	50
1 000	2 000	1	—	17 000	18 000	9	—
2 000	3 000	1	50	18 000	19 000	9	50
3 000	4 000	2	—	19 000	20 000	10	—
4 000	5 000	2	50	20 000	21 000	10	50
5 000	6 000	3	—	21 000	22 000	11	—
6 000	7 000	3	50	22 000	23 000	11	50
7 000	8 000	4	—	23 000	24 000	12	—
8 000	9 000	4	50	24 000	25 000	12	50
9 000	10 000	5	—	25 000	26 000	13	—
10 000	11 000	5	50	26 000	27 000	13	50
11 000	12 000	6	—	27 000	28 000	14	—
12 000	13 000	6	50	28 000	29 000	14	50
13 000	14 000	7	—	29 000	30 000	15	—
14 000	15 000	7	50	30 000	31 000	15	50

Werth des Gegenstandes		Stempelabgabe		Werth des Gegenstandes		Stempelabgabe	
M.	M.	M.	Pf.	M.	M.	M.	Pf.
über	bis			über	bis		
31 000	32 000	16	—	47 000	48 000	24	—
32 000	33 000	16	50	48 000	49 000	24	50
33 000	34 000	17	—	49 000	50 000	25	—
34 000	35 000	17	50	50 000	51 000	25	50
35 000	36 000	18	—	51 000	52 000	26	—
36 000	37 000	18	50	52 000	53 000	26	50
37 000	38 000	19	—	53 000	54 000	27	—
38 000	39 000	19	50	54 000	55 000	27	50
39 000	40 000	20	—	55 000	56 000	28	—
40 000	41 000	20	50	56 000	57 000	28	50
41 000	42 000	21	—	57 000	58 000	29	—
42 000	43 000	21	50	58 000	59 000	29	50
43 000	44 000	22	—	59 000	60 000	30	—
44 000	45 000	22	50	u. s. w. von jeden angefangenen 1000 M. 50 Pf. mehr.			
45 000	46 000	23	—				
46 000	47 000	23	50				

Tabelle V.

Stempelabgabe zu 1/12 vom Hundert:

a. für Schuldverschreibungen, hypothekarische und persönliche aller Art, insoweit es sich nicht um der Reichsstempelabgabe unterworfene Werthpapiere handelt — Tarif-Nr. 58 I —, sowie für Beurkundungen der Verlängerung der Rückzahlungsfrist bei Darlehen, welche innerhalb Jahresfrist oder in einem kürzeren Zeitraum zurückzuzahlen waren — Tarif-Nr. 58 I: Ermäßigungen unter b Abs. 3 und Abs. 4;

b. für den Antrag auf Eintragung einer Hypothek oder Grundschuld oder einer wiederkehrenden Geldleistung im Grundbuche oder in einem für solche Eintragungen bestimmten öffentlichen Buche, sowie für den Antrag auf Eintragung der Verpfändung einer Hypothek oder Grundschuld oder einer wiederkehrenden Geldleistung durch den eingetragenen Gläubiger in Büchern der bezeichneten Art — Tarif-Nr. 58 III.

Werth des Gegenstandes		Stempelabgabe		Werth des Gegenstandes		Stempelabgabe	
M.	M.	M.	Pf.	M.	M.	M.	Pf.
über	bis			über	bis		
	150	—	—	1 800	2 400	2	—
150	600	—	50	2 400	3 000	2	50
600	1 200	1	—	3 000	3 600	3	—
1 200	1 800	1	50	3 600	4 200	3	50

Werth des Gegenstandes		Stempelabgabe		Werth des Gegenstandes		Stempelabgabe	
M.	M.	M.	Pf.	M.	M.	M.	Pf.
über	bis			über	bis		
4 200	4 800	4	—	18 000	18 600	15	50
4 800	5 400	4	50	18 600	19 200	16	—
5 400	6 000	5	—	19 200	19 800	16	50
6 000	6 600	5	50	19 800	20 400	17	—
6 600	7 200	6	—	20 400	21 000	17	50
7 200	7 800	6	50	21 000	21 600	18	—
7 800	8 400	7	—	21 600	22 200	18	50
8 400	9 000	7	50	22 200	22 800	19	—
9 000	9 600	8	—	22 800	23 400	19	50
9 600	10 200	8	50	23 400	24 000	20	—
10 200	10 800	9	—	24 000	24 600	20	50
10 800	11 400	9	50	24 600	25 200	21	—
11 400	12 000	10	—	25 200	25 800	21	50
12 000	12 600	10	50	25 800	26 400	22	—
12 600	13 200	11	—	26 400	27 000	22	50
13 200	13 800	11	50	27 000	27 600	23	—
13 800	14 400	12	—	27 600	28 200	23	50
14 400	15 000	12	50	28 200	28 800	24	—
15 000	15 600	13	—	28 800	29 400	24	50
15 600	16 200	13	50	29 400	30 000	25	—
16 200	16 800	14	—	30 000	30 600	25	50
16 800	17 400	14	50	30 600	31 200	26	—
17 400	18 000	15	—	31 200	31 800	26	50

Werth des Gegenstandes		Stempelabgabe		Werth des Gegenstandes		Stempelabgabe	
M.	M.	M.	Pf.	M.	M.	M.	Pf.
über	bis			über	bis		
31 800	32 400	27	—	45 600	46 200	38	50
32 400	33 000	27	50	46 200	46 800	39	—
33 000	33 600	28	—	46 800	47 400	39	50
33 600	34 200	28	50	47 400	48 000	40	—
34 200	34 800	29	—	48 000	48 600	40	50
34 800	35 400	29	50	48 600	49 200	41	—
35 400	36 000	30	—	49 200	49 800	41	50
36 000	36 600	30	50	49 800	50 400	42	—
36 600	37 200	31	—	50 400	51 000	42	50
37 200	37 800	31	50	51 000	51 600	43	—
37 800	38 400	32	—	51 600	52 200	43	50
38 400	39 000	32	50	52 200	52 800	44	—
39 000	39 600	33	—	52 800	53 400	44	50
39 600	40 200	33	50	53 400	54 000	45	—
40 200	40 800	34	—	54 000	54 600	45	50
40 800	41 400	34	50	54 600	55 200	46	—
41 400	42 000	35	—	55 200	55 800	46	50
42 000	42 600	35	50	55 800	56 400	47	—
42 600	43 200	36	—	56 400	57 000	47	50
43 200	43 800	36	50	57 000	57 600	48	—
43 800	44 400	37	—	57 600	58 200	48	50
44 400	45 000	37	50	58 200	58 800	49	—
45 000	45 600	38	—	58 800	59 400	49	50

Werth des Gegenstandes		Stempelabgabe		Werth des Gegenstandes		Stempelabgabe	
M.	M.	M.	Pf.	M.	M.	M.	Pf.
über	bis			über	bis		
59 400	60 000	50	—	68 400	69 000	57	50
60 000	60 600	50	50	69 000	69 600	58	—
60 600	61 200	51	—	69 600	70 200	58	50
61 200	61 800	51	50	70 200	70 800	59	—
61 800	62 400	52	—	70 800	71 400	59	50
62 400	63 000	52	50	71 400	72 000	60	—
63 000	63 600	53	—	72 000	72 600	60	50
63 600	64 200	53	50	72 600	73 200	61	—
64 200	64 800	54	—	73 200	73 800	61	50
64 800	65 400	54	50	73 800	74 400	62	—
65 400	66 000	55	—	74 400	75 000	62	50
66 000	66 600	55	50				
66 600	67 200	56	—				
67 200	67 800	56	50				
67 800	68 400	57	—				

u. s. w. von jeden angefangenen 600 M. 50 Pf. mehr.

Tabelle VI.

Stempelabgabe zu 1/10 vom Hundert:

a. für Gesellschaftsverträge, betreffend die Errichtung von Gesellschaften mit beschränkter Haftung, falls das Stammkapital mehr als 100 000 M., aber nicht mehr als 300 000 M. beträgt — Tarif-Nr. 25a Abs. 1 Nr. 2;

b. für Gesellschaftsverträge, betreffend die Erhöhung des Stammkapitals von Gesellschaften mit beschränkter Haftung, falls dasselbe nach der Erhöhung mehr als 100 000 M., aber nicht mehr als 300 000 M. beträgt — Tarif-Nr. 25a Abs. 2 Nr. 2;

c. für Schriftstücke über Uebertragungen von Kuxen — Tarif-Nr. 34 Abs. 2;

d. für Pacht- und Afterpachtverträge (Mieth- und Aftermiethverträge sowie antichretische Verträge) über unbewegliche Sachen, sofern der verabredete, nach der Dauer eines Jahres zu berechnende Pachtzins u. s. w. mehr als 300 M. beträgt, und über bewegliche Sachen — Tarif-Nr. 48a und 48b;

e. für Schiedssprüche (Mindestbetrag 2 Mk., Höchstbetrag 100 M.) — Tarif-Nr. 57.

Werth des Gegenstandes		Stempelabgabe		Werth des Gegenstandes		Stempelabgabe	
M.	M.	M.	Pf.	M.	M.	M.	Pf.
über	bis			über	bis		
	150	—	—	11 000	11 500	11	50
150	500	—	50	11 500	12 000	12	—
500	1 000	1	—	12 000	12 500	12	50
1 000	1 500	1	50	12 500	13 000	13	—
1 500	2 000	2	—	13 000	13 500	13	50
2 000	2 500	2	50	13 500	14 000	14	—
2 500	3 000	3	—	14 000	14 500	14	50
3 000	3 500	3	50	14 500	15 000	15	—
3 500	4 000	4	—	15 000	15 500	15	50
4 000	4 500	4	50	15 500	16 000	16	—
4 500	5 000	5	—	16 000	16 500	16	50
5 000	5 500	5	50	16 500	17 000	17	—
5 500	6 000	6	—	17 000	17 500	17	50
6 000	6 500	6	50	17 500	18 000	18	—
6 500	7 000	7	—	18 000	18 500	18	50
7 000	7 500	7	50	18 500	19 000	19	—
7 500	8 000	8	—	19 000	19 500	19	50
8 000	8 500	8	50	19 500	20 000	20	—
8 500	9 000	9	—	20 000	20 500	20	50
9 000	9 500	9	50	20 500	21 000	21	—
9 500	10 000	10	—	u. s. w. von jeden angefangenen 500 M. 50 Pf. mehr.			
10 000	10 500	10	50				
10 500	11 000	11	—				

Tabelle VII.

Stempelabgabe zu 1/3 vom Hundert:

a. für **Auktionen** — Tarif=Nr. 9;

b. für **Gesellschaftsverträge**, betreffend das Einbringen von nicht in Geld bestehendem Vermögen in eine Aktiengesellschaft, Kommanditgesellschaft auf Aktien oder Gesellschaft mit beschränkter Haftung bei Errichtung derselben oder in eine bereits bestehende Gesellschaft dieser Art, insoweit das eingebrachte Vermögen aus **beweglichen** Vermögensgegenständen besteht — Tarif=Nr. 25c Abs. 3;

c. für **Gesellschaftsverträge**, betreffend die Ueberlassung von Sachen und Rechten seitens der Gesellschaft zum Sondereigenthum an einen Gesellschafter oder dessen Erben, insoweit das überlassene Gesellschaftsvermögen aus **beweglichen** Vermögensgegenständen besteht — Tarif=Nr. 25d Abs. 5;

d. für **Kauf= und Tauschverträge und andere lästige Veräußerungsgeschäfte enthaltende Verträge über Gegenstände aller Art** — ausgenommen Immobilien — (auch Lieferungsverträge), falls die Verträge nicht auf Grund der Tarifnummer 4 des Reichsstempelgesetzes vom 27. April 1894 der Reichsstempelabgabe unterliegen oder von dieser befreit sind — Tarif=Nr. 32c.

Werth des Gegenstandes		Stempelabgabe		Werth des Gegenstandes		Stempelabgabe	
M.	M.	M.	Pf.	M.	M.	M.	Pf.
über	bis			über	bis		
	150	—	—	3 450	3 600	12	—
150	300	1	—	3 600	3 750	12	50
300	450	1	50	3 750	3 900	13	—
450	600	2	—	3 900	4 050	13	50
600	750	2	50	4 050	4 200	14	—
750	900	3	—	4 200	4 350	14	50
900	1 050	3	50	4 350	4 500	15	—
1 050	1 200	4	—	4 500	4 650	15	50
1 200	1 350	4	50	4 650	4 800	16	—
1 350	1 500	5	—	4 800	4 950	16	50
1 500	1 650	5	50	4 950	5 100	17	—
1 650	1 800	6	—	5 100	5 250	17	50
1 800	1 950	6	50	5 250	5 400	18	—
1 950	2 100	7	—	5 400	5 550	18	50
2 100	2 250	7	50	5 550	5 700	19	—
2 250	2 400	8	—	5 700	5 850	19	50
2 400	2 550	8	50	5 850	6 000	20	—
2 550	2 700	9	—	6 000	6 150	20	50
2 700	2 850	9	50	6 150	6 300	21	—
2 850	3 000	10	—	6 300	6 450	21	50
3 000	3 150	10	50	6 450	6 600	22	—
3 150	3 300	11	—	6 600	6 750	22	50
3 300	3 450	11	50	6 750	6 900	23	—

Werth des Gegenstandes		Stempelabgabe		Werth des Gegenstandes		Stempelabgabe	
M.	M.	M.	Pf.	M.	M.	M.	Pf.
über	bis			über	bis		
6 900	7 050	23	50	10 350	10 500	35	—
7 050	7 200	24	—	10 500	10 650	35	50
7 200	7 350	24	50	10 650	10 800	36	—
7 350	7 500	25	—	10 800	10 950	36	50
7 500	7 650	25	50	10 950	11 100	37	—
7 650	7 800	26	—	11 100	11 250	37	50
7 800	7 950	26	50	11 250	11 400	38	—
7 950	8 100	27	—	11 400	11 550	38	50
8 100	8 250	27	50	11 550	11 700	39	—
8 250	8 400	28	—	11 700	11 850	39	50
8 400	8 550	28	50	11 850	12 000	40	—
8 550	8 700	29	—	12 000	12 150	40	50
8 700	8 850	29	50	12 150	12 300	41	—
8 850	9 000	30	—	12 300	12 450	41	50
9 000	9 150	30	50	12 450	12 600	42	—
9 150	9 300	31	—	12 600	12 750	42	50
9 300	9 450	31	50	12 750	12 900	43	—
9 450	9 600	32	—	12 900	13 050	43	50
9 600	9 750	32	50	13 050	13 200	44	—
9 750	9 900	33	—	13 200	13 350	44	50
9 900	10 050	33	50	13 350	13 500	45	—
10 050	10 200	34	—	13 500	13 650	45	50
10 200	10 350	34	50	13 650	13 800	46	—

Werth des Gegenstandes		Stempelabgabe		Werth des Gegenstandes		Stempelabgabe	
M.	M.	M.	Pf.	M.	M.	M.	Pf.
über	bis			über	bis		
13 800	13 950	46	50	16 200	16 350	54	50
13 950	14 100	47	—	16 350	16 500	55	—
14 100	14 250	47	50	16 500	16 650	55	50
14 250	14 400	48	—	16 650	16 800	56	—
14 400	14 550	48	50	16 800	16 950	56	50
14 550	14 700	49	—	16 950	17 100	57	—
14 700	14 850	49	50	17 100	17 250	57	50
14 850	15 000	50	—	17 250	17 400	58	—
15 000	15 150	50	50	17 400	17 550	58	50
15 150	15 300	51	—	17 550	17 700	59	—
15 300	15 450	51	50	17 700	17 850	59	50
15 450	15 600	52	—	17 850	18 000	60	—
15 600	15 750	52	50				
15 750	15 900	53	—	u. s. w. von jeden angefangenen 150 M. 50 Pf. mehr.			
15 900	16 050	53	50				
16 050	16 200	54	—				

Tabelle VIIIa.

Stempelabgabe zu 1/2 vom Hundert:

a. für die Konzession zum Betriebe einer Apotheke, wenn die Konzession vererblich und veräußerlich ist — Mindestbetrag 50 M. — Tarif-Nr. 22a;

b. für Gesellschaftsverträge, betreffend die Errichtung von Gesellschaften mit beschränkter Haftung, falls das Stammkapital mehr als 300 000 M., aber nicht mehr als 500 000 M. beträgt — Tarif-Nr. 25a Abs. 1 Nr. 3;

c. für Gesellschaftsverträge, betreffend die Erhöhung des Stammkapitals von Gesellschaften mit beschränkter Haftung, falls dasselbe nach der Erhöhung mehr als 300 000 M., aber nicht mehr als 500 000 M. beträgt — Tarif-Nr. 25a Absatz 2 Nr. 3.

Werth des Gegenstandes		Stempelabgabe		Werth des Gegenstandes		Stempelabgabe	
M.	M.	M.	Pf.	M.	M.	M.	Pf.
über	bis			über	bis		
	150	—	—	600	700	3	50
150	200	1	—	700	800	4	—
200	300	1	50	800	900	4	50
300	400	2	—	900	1000	5	—
400	500	2	50	1000	1100	5	50
500	600	3	—	1100	1200	6	—

Werth des Gegenstandes		Stempelabgabe		Werth des Gegenstandes		Stempelabgabe	
M.	M.	M.	Pf.	M.	M.	M.	Pf.
über	bis			über	bis		
1 200	1 300	6	50	3 500	3 600	18	—
1 300	1 400	7	—	3 600	3 700	18	50
1 400	1 500	7	50	3 700	3 800	19	—
1 500	1 600	8	—	3 800	3 900	19	50
1 600	1 700	8	50	3 900	4 000	20	—
1 700	1 800	9	—	4 000	4 100	20	50
1 800	1 900	9	50	4 100	4 200	21	—
1 900	2 000	10	—	4 200	4 300	21	50
2 000	2 100	10	50	4 300	4 400	22	—
2 100	2 200	11	—	4 400	4 500	22	50
2 200	2 300	11	50	4 500	4 600	23	—
2 300	2 400	12	—	4 600	4 700	23	50
2 400	2 500	12	50	4 700	4 800	24	—
2 500	2 600	13	—	4 800	4 900	24	50
2 600	2 700	13	50	4 900	5 000	25	—
2 700	2 800	14	—	5 000	5 100	25	50
2 800	2 900	14	50	5 100	5 200	26	—
2 900	3 000	15	—	5 200	5 300	26	50
3 000	3 100	15	50	5 300	5 400	27	—
3 100	3 200	16	—	5 400	5 500	27	50
3 200	3 300	16	50	5 500	5 600	28	—
3 300	3 400	17	—	5 600	5 700	28	50
3 400	3 500	17	50	5 700	5 800	29	—

Werth des Gegenstandes		Stempelabgabe		Werth des Gegenstandes		Stempelabgabe	
M.	M.	M.	Pf.	M.	M.	M.	Pf.
über	bis			über	bis		
5 800	5 900	29	50	8 100	8 200	41	—
5 900	6 000	30	—	8 200	8 300	41	50
6 000	6 100	30	50	8 300	8 400	42	—
6 100	6 200	31	—	8 400	8 500	42	50
6 200	6 300	31	50	8 500	8 600	43	—
6 300	6 400	32	—	8 600	8 700	43	50
6 400	6 500	32	50	8 700	8 800	44	—
6 500	6 600	33	—	8 800	8 900	44	50
6 600	6 700	33	50	8 900	9 000	45	—
6 700	6 800	34	—	9 000	9 100	45	50
6 800	6 900	34	50	9 100	9 200	46	—
6 900	7 000	35	—	9 200	9 300	46	50
7 000	7 100	35	50	9 300	9 400	47	—
7 100	7 200	36	—	9 400	9 500	47	50
7 200	7 300	36	50	9 500	9 600	48	—
7 300	7 400	37	—	9 600	9 700	48	50
7 400	7 500	37	50	9 700	9 800	49	—
7 500	7 600	38	—	9 800	9 900	49	50
7 600	7 700	38	50	9 900	10 000	50	—
7 700	7 800	39	—				
7 800	7 900	39	50				
7 900	8 000	40	—				
8 000	8 100	40	50				

u. s. w. von jeden angefangenen 100 M. 50 Pf. mehr.

Tabelle VIIIb.

Stempelabgabe zu 1/2 vom Hundert

(des Gesammtbetrages der verabredeten Prämien in Abstufungen von 10 Pf. für je 20 Mk. oder einen Bruchtheil dieses Betrages):

für Unfall- und Haftversicherungen — Tarif-Nr. 70b.

Befreit sind Versicherungen, bei denen die verabredeten Jahresprämien den Betrag von 40 Mk. nicht übersteigen.

Werth des Gegenstandes		Stempelabgabe		Werth des Gegenstandes		Stempelabgabe	
M.	M.	M.	Pf.	M.	M.	M.	Pf.
über	bis			über	bis		
	40	—	—	280	300	1	50
40	60	—	30	300	320	1	60
60	80	—	40	320	340	1	70
80	100	—	50	340	360	1	80
100	120	—	60	360	380	1	90
120	140	—	70	380	400	2	—
140	160	—	80	400	420	2	10
160	180	—	90	420	440	2	20
180	200	1	—	440	460	2	30
200	220	1	10	460	480	2	40
220	240	1	20	480	500	2	50
240	260	1	30	500	520	2	60
260	280	1	40	520	540	2	70

Werth des Gegenstandes		Stempelabgabe		Werth des Gegenstandes		Stempelabgabe	
M.	M.	M.	Pf.	M.	M.	M.	Pf.
über	bis			über	bis		
540	560	2	80	1 000	1 020	5	10
560	580	2	90	1 020	1 040	5	20
580	600	3	—	1 040	1 060	5	30
600	620	3	10	1 060	1 080	5	40
620	640	3	20	1 080	1 100	5	50
640	660	3	30	1 100	1 120	5	60
660	680	3	40	1 120	1 140	5	70
680	700	3	50	1 140	1 160	5	80
700	720	3	60	1 160	1 180	5	90
720	740	3	70	1 180	1 200	6	—
740	760	3	80	1 200	1 220	6	10
760	780	3	90	1 220	1 240	6	20
780	800	4	—	1 240	1 260	6	30
800	820	4	10	1 260	1 280	6	40
820	840	4	20	1 280	1 300	6	50
840	860	4	30	1 300	1 320	6	60
860	880	4	40	1 320	1 340	6	70
880	900	4	50	1 340	1 360	6	80
900	920	4	60	1 360	1 380	6	90
920	940	4	70	1 380	1 400	7	—
940	960	4	80	1 400	1 420	7	10
960	980	4	90	1 420	1 440	7	20
980	1 000	5	—	1 440	1 460	7	30

Werth des Gegenstandes		Stempelabgabe		Werth des Gegenstandes		Stempelabgabe	
M.	M.	M.	Pf.	M.	M.	M.	Pf.
über	bis			über	bis		
1 460	1 480	7	40	1 920	1 940	9	70
1 480	1 500	7	50	1 940	1 960	9	80
1 500	1 520	7	60	1 960	1 980	9	90
1 520	1 540	7	70	1 980	2 000	10	—
1 540	1 560	7	80	2 000	2 020	10	10
1 560	1 580	7	90	2 020	2 040	10	20
1 580	1 600	8	—	2 040	2 060	10	30
1 600	1 620	8	10	2 060	2 080	10	40
1 620	1 640	8	20	2 080	2 100	10	50
1 640	1 660	8	30	2 100	2 120	10	60
1 660	1 680	8	40	2 120	2 140	10	70
1 680	1 700	8	50	2 140	2 160	10	80
1 700	1 720	8	60	2 160	2 180	10	90
1 720	1 740	8	70	2 180	2 200	11	—
1 740	1 760	8	80	2 200	2 220	11	10
1 760	1 780	8	90	2 220	2 240	11	20
1 780	1 800	9	—	2 240	2 260	11	30
1 800	1 820	9	10	2 260	2 280	11	40
1 820	1 840	9	20	2 280	2 300	11	50
1 840	1 860	9	30	2 300	2 320	11	60
1 860	1 880	9	40	2 320	2 340	11	70
1 880	1 900	9	50	2 340	2 360	11	80
1 900	1 920	9	60	2 360	2 380	11	90

Werth des Gegenstandes		Stempelabgabe		Werth des Gegenstandes		Stempelabgabe	
M.	M.	M.	Pf.	M.	M.	M.	Pf.
über	bis			über	bis		
2 380	2 400	12	—	2 840	2 860	14	30
2 400	2 420	12	10	2 860	2 880	14	40
2 420	2 440	12	20	2 880	2 900	14	50
2 440	2 460	12	30	2 900	2 920	14	60
2 460	2 480	12	40	2 920	2 940	14	70
2 480	2 500	12	50	2 940	2 960	14	80
2 500	2 520	12	60	2 960	2 980	14	90
2 520	2 540	12	70	2 980	3 000	15	—
2 540	2 560	12	80	3 000	3 020	15	10
2 560	2 580	12	90	3 020	3 040	15	20
2 580	2 600	13	—	3 040	3 060	15	30
2 600	2 620	13	10	3 060	3 080	15	40
2 620	2 640	13	20	3 080	3 100	15	50
2 640	2 660	13	30	3 100	3 120	15	60
2 660	2 680	13	40	3 120	3 140	15	70
2 680	2 700	13	50	3 140	3 160	15	80
2 700	2 720	13	60	3 160	3 180	15	90
2 720	2 740	13	70	3 180	3 200	16	—
2 740	2 760	13	80	3 200	3 220	16	10
2 760	2 780	13	90	3 220	3 240	16	20
2 780	2 800	14	—	3 240	3 260	16	30
2 800	2 820	14	10	3 260	3 280	16	40
2 820	2 840	14	20	3 280	3 300	16	50

Werth des Gegenstandes		Stempelabgabe		Werth des Gegenstandes		Stempelabgabe	
M.	M.	M.	Pf.	M.	M.	M.	Pf.
über	bis			über	bis		
3 300	3 320	16	60	3 760	3 780	18	90
3 320	3 340	16	70	3 780	3 800	19	—
3 340	3 360	16	80	3 800	3 820	19	10
3 360	3 380	16	90	3 820	3 840	19	20
3 380	3 400	17	—	3 840	3 860	19	30
3 400	3 420	17	10	3 860	3 880	19	40
3 420	3 440	17	20	3 880	3 900	19	50
3 440	3 460	17	30	3 900	3 920	19	60
3 460	3 480	17	40	3 920	3 940	19	70
3 480	3 500	17	50	3 940	3 960	19	80
3 500	3 520	17	60	3 960	3 980	19	90
3 520	3 540	17	70	3 980	4 000	20	—
3 540	3 560	17	80	4 000	4 020	20	10
3 560	3 580	17	90	4 020	4 040	20	20
3 580	3 600	18	—	4 040	4 060	20	30
3 600	3 620	18	10	4 060	4 080	20	40
3 620	3 640	18	20	4 080	4 100	20	50
3 640	3 660	18	30	4 100	4 120	20	60
3 660	3 680	18	40	4 120	4 140	20	70
3 680	3 700	18	50	4 140	4 160	20	80
3 700	3 720	18	60	4 160	4 180	20	90
3 720	3 740	18	70	4 180	4 200	21	—
3 740	3 760	18	80	4 200	4 220	21	10

Werth des Gegenstandes		Stempelabgabe		Werth des Gegenstandes		Stempelabgabe	
M.	M.	M.	Pf.	M.	M.	M.	Pf.
über	bis			über	bis		
4 220	4 240	21	20	4 640	4 660	23	30
4 240	4 260	21	30	4 660	4 680	23	40
4 260	4 280	21	40	4 680	4 700	23	50
4 280	4 300	21	50	4 700	4 720	23	60
4 300	4 320	21	60	4 720	4 740	23	70
4 320	4 340	21	70	4 740	4 760	23	80
4 340	4 360	21	80	4 760	4 780	23	90
4 360	4 380	21	90	4 780	4 800	24	—
4 380	4 400	22	—	4 800	4 820	24	10
4 400	4 420	22	10	4 820	4 840	24	20
4 420	4 440	22	20	4 840	4 860	24	30
4 440	4 460	22	30	4 860	4 880	24	40
4 460	4 480	22	40	4 880	4 900	24	50
4 480	4 500	22	50	4 900	4 920	24	60
4 500	4 520	22	60	4 920	4 940	24	70
4 520	4 540	22	70	4 940	4 960	24	80
4 540	4 560	22	80	4 960	4 980	24	90
4 560	4 580	22	90	4 980	5 000	25	—
4 580	4 600	23	—	u. s. w. von jeden angefangenen 20 M. 10 Pf. mehr.			
4 600	4 620	23	10				
4 620	4 640	23	20				

Tabelle IX.

Stempelabgabe zu 1 vom Hundert:

a. für Auflassungen — Tarif-Nr. 8;

b. für Gesellschaftsverträge, betreffend die Errichtung von Gesellschaften mit beschränkter Haftung, falls das Stammkapital mehr als 500 000 M. beträgt — Tarif-Nr. 25a Abs. 1 Nr. 4;

c. für Gesellschaftsverträge, betreffend die Erhöhung des Stammkapitals von Gesellschaften mit beschränkter Haftung, falls dasselbe nach der Erhöhung mehr als 500 000 M. beträgt — Tarif-Nr. 25a Abs. 2 Nr. 4;

d. für Gesellschaftsverträge, betreffend das Einbringen von nicht in Geld bestehendem Vermögen in eine Aktiengesellschaft, Kommanditgesellschaft auf Aktien oder Gesellschaft mit beschränkter Haftung bei Errichtung derselben oder in eine bereits bestehende Gesellschaft dieser Art, insoweit zu dem eingebrachten Vermögen unbewegliche im Inlande belegene Sachen oder diesen gleichgeachtete Rechte gehören — Tarif-Nr. 25c;

e. für Gesellschaftsverträge, betreffend die Ueberlassung von Sachen oder Rechten seitens der Gesellschaft zum Sondereigenthum an einen Gesellschafter oder dessen Erben, insoweit zu dem überlassenen Gesellschaftsvermögen unbewegliche im Inlande belegene Sachen oder diesen gleichgeachtete Rechte gehören — Tarif-Nr. 25d Abs. 3;

f. für Kauf- und Tauschverträge und andere lästige Veräußerungsgeschäfte enthaltende Verträge einschließlich der gerichtlichen Zwangsversteigerungen, wenn sie im Inlande befindliche unbewegliche Sachen oder diesen gleichgeachtete Rechte betreffen — Tarif-Nr. 32a;

g. für Leibrenten- und Rentenverträge — Tarif-Nr. 36.

Werth des Gegenstandes		Stempelabgabe		Werth des Gegenstandes		Stempelabgabe	
M.	M.	M.	Pf.	M.	M.	M.	Pf.
über	bis			über	bis		
	150	—	—	850	900	9	—
150	200	2	—	900	950	9	50
200	250	2	50	950	1 000	10	—
250	300	3	—	1 000	1 050	10	50
300	350	3	50	1 050	1 100	11	—
350	400	4	—	1 100	1 150	11	50
400	450	4	50	1 150	1 200	12	—
450	500	5	—	1 200	1 250	12	50
500	550	5	50	1 250	1 300	13	—
550	600	6	—	1 300	1 350	13	50
600	650	6	50	1 350	1 400	14	—
650	700	7	—	1 400	1 450	14	50
700	750	7	50	1 450	1 500	15	—
750	800	8	—	1 500	1 550	15	50
800	850	8	50	1 550	1 600	16	—

Werth des Gegenstandes		Stempelabgabe		Werth des Gegenstandes		Stempelabgabe	
M.	M.	M.	Pf.	M.	M.	M.	Pf.
über	bis			über	bis		
1 600	1 650	16	50	2 750	2 800	28	—
1 650	1 700	17	—	2 800	2 850	28	50
1 700	1 750	17	50	2 850	2 900	29	—
1 750	1 800	18	—	2 900	2 950	29	50
1 800	1 850	18	50	2 950	3 000	30	—
1 850	1 900	19	—	3 000	3 050	30	50
1 900	1 950	19	50	3 050	3 100	31	—
1 950	2 000	20	—	3 100	3 150	31	50
2 000	2 050	20	50	3 150	3 200	32	—
2 050	2 100	21	—	3 200	3 250	32	50
2 100	2 150	21	50	3 250	3 300	33	—
2 150	2 200	22	—	3 300	3 350	33	50
2 200	2 250	22	50	3 350	3 400	34	—
2 250	2 300	23	—	3 400	3 450	34	50
2 300	2 350	23	50	3 450	3 500	35	—
2 350	2 400	24	—	3 500	3 550	35	50
2 400	2 450	24	50	3 550	3 600	36	—
2 450	2 500	25	—	3 600	3 650	36	50
2 500	2 550	25	50	3 650	3 700	37	—
2 550	2 600	26	—	3 700	3 750	37	50
2 600	2 650	26	50	3 750	3 800	38	—
2 650	2 700	27	—	3 800	3 850	38	50
2 700	2 750	27	50	3 850	3 900	39	—

Werth des Gegenstandes M.	M.	Stempelabgabe M.	Pf.	Werth des Gegenstandes M.	M.	Stempelabgabe M.	Pf.
über	bis			über	bis		
3 900	3 950	39	50	5 050	5 100	51	—
3 950	4 000	40	—	5 100	5 150	51	50
4 000	4 050	40	50	5 150	5 200	52	—
4 050	4 100	41	—	5 200	5 250	52	50
4 100	4 150	41	50	5 250	5 300	53	—
4 150	4 200	42	—	5 300	5 350	53	50
4 200	4 250	42	50	5 350	5 400	54	—
4 250	4 300	43	—	5 400	5 450	54	50
4 300	4 350	43	50	5 450	5 500	55	—
4 350	4 400	44	—	5 500	5 550	55	50
4 400	4 450	44	50	5 550	5 600	56	—
4 450	4 500	45	—	5 600	5 650	56	50
4 500	4 550	45	50	5 650	5 700	57	—
4 550	4 600	46	—	5 700	5 750	57	50
4 600	4 650	46	50	5 750	5 800	58	—
4 650	4 700	47	—	5 800	5 850	58	50
4 700	4 750	47	50	5 850	5 900	59	—
4 750	4 800	48	—	5 900	5 950	59	50
4 800	4 850	48	50	5 950	6 000	60	—
4 850	4 900	49	—	u. s. w. von jeden angefangenen 50 M. 50 Pf. mehr.			
4 900	4 950	49	50				
4 950	5 000	50	—				
5 000	5 050	50	50				

Tabelle X.

Stempelabgabe zu 3 vom Hundert: für Familien- und Fideikommißstiftungen.

Tarif-Nr. 24.

Werth des Gegenstandes		Stempelabgabe		Werth des Gegenstandes		Stempelabgabe	
M.	M.	M.	Pf.	M.	M.	M.	Pf.
über	bis			über	bis		
	150	—	—	450	466⅔	14	—
150	166⅔	5	—	466⅔	483⅓	14	50
166⅔	183⅓	5	50	483⅓	500	15	—
183⅓	200	6	—	500	516⅔	15	50
200	216⅔	6	50	516⅔	533⅓	16	—
216⅔	233⅓	7	—	533⅓	550	16	50
233⅓	250	7	50	550	566⅔	17	—
250	266⅔	8	—	566⅔	583⅓	17	50
266⅔	283⅓	8	50	583⅓	600	18	—
283⅓	300	9	—	600	616⅔	18	50
300	316⅔	9	50	616⅔	633⅓	19	—
316⅔	333⅓	10	—	633⅓	650	19	50
333⅓	350	10	50	650	666⅔	20	—
350	366⅔	11	—	666⅔	683⅓	20	50
366⅔	383⅓	11	50	683⅓	700	21	—
383⅓	400	12	—	700	716⅔	21	50
400	416⅔	12	50	716⅔	733⅓	22	—
416⅔	433⅓	13	—	733⅓	750	22	50
433⅓	450	13	50	750	766⅔	23	—

Werth des Gegenstandes		Stempelabgabe		Werth des Gegenstandes	Stempelabgabe	
M.	M.	M.	Pf.	M.	M.	Pf.
über	bis			bis		
$766^{2}/_{3}$	$783^{1}/_{3}$	23	50	9 000	270	—
$783^{1}/_{3}$	800	24	—	10 000	300	—
800	$816^{2}/_{3}$	24	50	20 000	600	—
$816^{2}/_{3}$	$833^{1}/_{3}$	25	—	30 000	900	—
$833^{1}/_{3}$	850	25	50	40 000	1 200	—
850	$866^{2}/_{3}$	26	—	50 000	1 500	—
$866^{2}/_{3}$	$883^{1}/_{3}$	26	50	60 000	1 800	—
$883^{1}/_{3}$	900	27	—	70 000	2 100	—
900	$916^{2}/_{3}$	27	50	80 000	2 400	—
$916^{2}/_{3}$	$933^{1}/_{3}$	28	—	90 000	2 700	—
$933^{1}/_{3}$	950	28	50	100 000	3 000	—
950	$966^{2}/_{3}$	29	—	200 000	6 000	—
$966^{2}/_{3}$	$983^{1}/_{3}$	29	50	300 000	9 000	—
$983^{1}/_{3}$	1 000	30	—	400 000	12 000	—
u. s. w. bei Objecten bis				500 000	15 000	—
	2 000	60	—	600 000	18 000	—
	3 000	90	—	700 000	21 000	—
	4 000	120	—	800 000	24 000	—
	5 000	150	—	900 000	27 000	—
	6 000	180	—	1 000 000	30 000	—
	7 000	210	—	u. s. w.		
	8 000	240	—			

Anhang.

Gesetz,

betreffend die Erbschaftssteuer. Vom 19./24. Mai 1891 (G.S. S. 78) unter Berücksichtigung der dazu ergangenen Novelle vom 31. Juli 1895 (G.S. S. 412).

[Die in lateinischem Druck stehenden Worte lassen erkennen, in wie weit in dem Gesetz Abweichungen gegen das frühere Erbschaftssteuergesetz vom 30. Mai 1873 enthalten sind, die in Kursivdruck stehenden Worte kennzeichnen die durch die Novelle von 1895 getroffenen Abänderungen.]

Wir **Wilhelm** ꝛc. ꝛc. verordnen, unter Zustimmung beider Häuser des Landtags, für den Umfang der Monarchie mit Ausschluss der Insel Helgoland, was folgt:

§. 1.

Gegenstand der Erbschaftssteuer.

Tarif. Der Erbschaftssteuer sind nach Vorschrift dieses Gesetzes und des anliegenden, von Uns vollzogenen Tarifes [folgt unten] unterworfen, ohne Unterschied, ob der Anfall Inländern oder Ausländern zukommt:

1) Erbschaften, Vermächtnisse und Schenkungen von Todeswegen (mit Einschluß der remuneratorischen und der mit einer Auflage belasteten Schenkungen);
2) Lehns- und Fideikommißanfälle;

3) die Anfälle von Hebungen aus Familienstiftungen, welche in Folge Todesfalles auf den vermöge stiftungsmäßiger oder gesetzlicher Successionsordnung Berufenen übergehen;
4) Vermögen Verschollener bei vorläufiger Ausfolgung an die muthmasslichen Erbberechtigten.

§. 2*).

Fideikommiß- und Familienstiftungen.

In Betreff der von Fideikommiß- und von Familienstiftungen zu entrichtenden Werthstempelabgabe bewendet es bei den bestehenden Vorschriften mit folgenden Maßgaben:

1) die Ermittelung des stempelpflichtigen Werthes erfolgt nach den Bestimmungen in den §§. 14 bis 21 dieses Gesetzes, jedoch ohne Abzug der Schulden;
2) bei Fideikommiß- und Familienstiftungen von Todeswegen ist der Werthstempel binnen 6 Monaten nach dem Todesfall beizubringen und kommen wegen der Verhaftung für die Entrichtung desselben die Bestimmungen der §§. 29 und 30 dieses Gesetzes zur Anwendung.

§. 3.

Als Fideikommißstiftungen im Sinne dieses Gesetzes sind alle von Todeswegen oder unter Lebenden getroffene Anordnungen anzusehen, kraft deren gewisse Vermögensgegenstände der Familie für immer oder für mehr als zwei Generationen erhalten bleiben sollen.

*) In den Hohenzollernschen Landen und im Kreise Herzogthum Lauenburg kommt der §. 2 nicht zur Anwendung.

§. 4*).

Schenkungen unter Lebenden.

Schenkungen unter Lebenden — insbesondere auch die remuneratorischen und die mit einer Auflage belasteten Schenkungen — unterliegen, wenn eine schriftliche Beurkundung derselben stattfindet, einer Werthstempelabgabe von dem Betrage der Schenkung. Als Beurkundung von Schenkungen im Sinne dieser Bestimmung sind alle Schriftstücke über solche Geschäfte anzusehen, bei welchen die Absicht auf Bereicherung des einen Theils gerichtet war, auch wenn das Geschäft in der Form eines lästigen Vertrags abgeschlossen ist. Bei Beurtheilung der Frage, ob die Absicht der Bereicherung des einen Theils anzunehmen ist, sind auch solche Umstände in Betracht zu ziehen, welche aus der Urkunde nicht ersichtlich sind.

Der erforderliche Werthstempel bestimmt sich nach den Vorschriften des anliegenden Tarifs und der §§. 6 bis 25, sowie des §. 27 erster Absatz dieses Gesetzes, indem an Stelle der Verhältnisse des Erblassers und des Erwerbers des Anfalls die Verhältnisse des Gebers, beziehungsweise des Beschenkten berücksichtigt werden.

---

*) In den Hohenzollernschen Landen und im Kreise Herzogthum Lauenburg kommt der dritte Absatz des §. 4 nicht zur Anwendung. Für die genannten Gebietstheile treten an dessen Stelle folgende Worte:

Der Finanzminister trifft nähere Bestimmungen über die Art der Entrichtung dieser Abgabe. Für dieselbe haftet jeder Aussteller, sowie jeder spätere Inhaber oder Vorzeiger der Urkunde.

Im Uebrigen finden auf diese Werthstempelabgabe die Bestimmungen wegen des Urkundenstempels Anwendung. In denjenigen Fällen, in welchen die Versteuerung der Schenkung über die für die Verwendung des Urkundenstempels sonst vorgeschriebene Frist hinaus ausgesetzt bleibt (§§. 22 bis 25 und §. 27 erster Absatz), muss die Urkunde vor Ablauf dieser Frist der von dem Finanzminister zu bestimmenden Steuerbehörde vorgelegt werden, welche die erforderlichen Anordnungen wegen späterer Verwendung des Stempels zu treffen hat und welcher hierfür auf Verlangen Sicherheit zu bestellen ist.

§. 5.

Erbschaftssteuerpflichtige Masse.

Die Erbschaftssteuer wird von dem Betrage ent- entrichtet, um welchen diejenigen, denen der Anfall zukommt, durch denselben reicher werden.

Es sind daher der steuerpflichtigen Masse alle zu derselben gehörige ausstehende Forderungen, auch die, welche der Erwerber selbst zur Masse schuldet, oder die ihm erst mit dem Anfall erlassen werden, hinzuzurechnen.

Dagegen kommen von der steuerpflichtigen Masse in Abzug alle Schulden und Lasten, welche mit und wegen derselben übernommen werden. Hierzu werden bei Erbschaften auch gerechnet die Kosten der letzten Krankheit und des Begräbnisses des Erblassers, die gerichtlichen und außergerichtlichen Kosten der Nachlaßregulirung und der im Interesse der Masse geführten Prozesse, nicht aber der Betrag der Erbschaftssteuer selbst und nicht die

Kosten der zwischen den Erbinteressenten in deren besonderem Interesse geführten Prozesse.

§. 6.
Zuwendungen zur Vergeltung übernommener Leistungen.

Insoweit eine Zuwendung zur Vergeltung für Leistungen bestimmt ist, welche mit dem Anfall übernommen werden und welche im Geldwerth zu veranschlagen sind, kommt der Werth dieser Leistungen von der Zuwendung in Abzug.

§. 7.
Stiftungen.

Vermögen, welches zur Begründung einer angeordneten oder einem Erben, Vermächtnißnehmer u. s. w. aufgetragenen Stiftung — mit Ausschluß der Fideikommiß- und der Familienstiftungen (§. 2) — gewidmet ist, wird hinsichtlich der Versteuerung ebenso behandelt, als ob dasselbe der schon begründeten Stiftung angefallen wäre, vorbehaltlich der anderweiten Feststellung und Nachforderung oder Erstattung der Steuer, falls die Stiftung nicht, oder nicht in der angeordneten Weise zur Ausführung gelangt. Für die eintretendenfalls nachzuerhebenden Steuerbeträge kann Sicherheitsbestellung gefordert werden.

§. 8.
Zuwendungen zu milden ꝛc. Zwecken.

Sind ohne Begründung einer Stiftung Zuwendungen zu milden, gemeinnützigen oder öffentlichen Zwecken angeordnet oder einem Erben, Vermächtnißnehmer ꝛc.

Leistungen zu gleichen Zwecken aufgetragen, so werden dieselben hinsichtlich der Versteuerung ebenso behandelt, als ob zu demselben Zwecke eine Stiftung im Betrage der Zuwendung beziehungsweise Leistung angeordnet wäre.

Die auf solche Zuwendungen entfallende Steuer ist von den mit der Zuwendung Belasteten zu entrichten und kann, wenn dieserhalb keine andere Anordnung getroffen ist, auf die Zuwendung beziehungsweise Leistung selbst angerechnet werden.

§. 9.

Unbewegliches Vermögen.

Grundstücke und Grundgerechtigkeiten, welche außerhalb Landes liegen, gehören nicht zur steuerpflichtigen Masse. Von dem Anfall inländischer Grundstücke oder Grundgerechtigkeiten oder deren Nutzungen ist die Erbschaftssteuer zu erheben, ohne Unterschied, ob der Erblasser Inländer oder Ausländer war und ob derselbe seinen Wohnsitz im Inlande hatte oder nicht.

§. 10.

Bewegliches Vermögen.

Anderes als das im §. 9 bezeichnete Vermögen ist der Erbschaftssteuer unterworfen, wenn der Erblasser bei seinem Ableben seinen Wohnsitz in Preussen hatte oder die vorläufige Ausfolgung des Nachlasses (§. 1 Ziffer 4) von einem Preussischen Gericht verfügt ist, das ausserhalb Preussens belegene Vermögen indessen nur dann, wenn davon in dem auswärtigen Staate keine, oder eine geringere Abgabe, als nach den Vorschriften dieses Gesetzes zu entrichten ist. Im letzteren Fall wird die in dem auswärtigen Staate erweislich gezahlte Abgabe auf die diesseitige Steuer angerechnet.

Hatte der Erblasser bei seinem Ableben keinen Wohnsitz, so unterliegt das Vermögen der diesseitigen Erbschaftssteuer, insoweit es bei seinem Ableben in Preussen sich befindet.

§. 11.

In Bezug auf den Nachlass von Personen, welche in solchen Staaten ihren Wohnsitz gehabt haben oder Angehörige solcher Staaten gewesen sind, in welchen die Erbschaftssteuer nach anderen, als den im §. 10 angegebenen Grundsätzen erhoben wird, kann der Finanzminister zum Zweck der Ausgleichung und thunlichster Vermeidung von Doppelbesteuerungen Abweichungen von der Vorschrift des §. 10 in der Art anordnen,

1) dass die Erhebung der Preussischen Erbschaftssteuer für das nicht in Grundstücken oder Grundgerechtigkeiten bestehende Vermögen, unabhängig von dem Wohnsitz des Erblassers, zu erfolgen hat, sofern derselbe Preussischer Staatsangehöriger war;
2) dass die Erhebung der Preussischen Erbschaftssteuer für das nicht in Grundstücken oder Grundgerechtigkeiten bestehende Vermögen,

unabhängig von dem Wohnsitz und der Staatsangehörigkeit des Erblassers, zu erfolgen hat, falls das Vermögen in Preussen sich befindet.

§. 12.

Besondere Fälle der Versteuerung.

In denjenigen Fällen, in welchen bei Genehmigung von Schenkungen und letztwilligen Zuwendungen an Korporationen und andere juristische Personen diese die Verpflichtung übernehmen, einen Theil des Empfangenen oder des Werthes derselben an Angehörige des Schenkgebers oder Erblassers herauszugeben, haben letztere das auf diese Weise ihnen Zufliessende so zu versteuern, als ob es ihnen von dem Schenkgeber oder Erblasser selbst zugewandt worden wäre.

§. 13.

Vertheilung der Schulden und Lasten.

Schulden und Lasten, welche nur auf einem nach §§. 9, 10 und 11 steuerfreien oder steuerpflichtigen Theile der Masse haften, kommen bei Berechnung der Steuer nur bei demjenigen Theile in Abzug, auf welchem sie haften.

Schulden und Lasten, welche sowohl auf dem steuerfreien, als auf dem steuerpflichtigen Theile der Masse haften, kommen von letzterem nur nach dem Verhältniß dieses Theiles zur gesammten Masse in Abzug.

Hypothekarische Schulden, für welche der Eigenthümer zugleich persönlich haftet, gelten als zunächst das Grundstück belastend, und kommen nur rücksichtlich des durch das Grundstück nicht gedeckten Betrages bei der übrigen Masse in Anrechnung.

§. 14.

Ermittelung des Werthes der Masse.

Die Ermittelung des Betrages der Masse ist, ohne Rücksicht auf die für andere Zwecke vorgeschriebenen Abschätzungsgrundsätze, auf den gemeinen Werth zur Zeit des Anfalles zu richten.

§. 15.

Bei immerwährenden Nutzungen und Leistungen wird das *Fünfund*zwanzigfache ihres einjährigen Betrages, bei Nutzungen und Leistungen von unbestimmter Dauer, sofern nicht die Vorschriften in den §§. 16 und 17 Anwendung finden, oder anderweite die längste Dauer begrenzende Umstände nachgewiesen werden, das Zwölfundeinhalbfache des einjährigen Betrages als Kapitalwerth angenommen.

§. 16.

Der Werth von Leibrenten, Nießbrauchsrechten auf Lebenszeit und anderen auf die Lebenszeit des Berechtigten, oder einer anderen Person beschränkten Nutzungen oder Leistungen bestimmt sich nach dem zur Zeit des Anfalles erreichten Lebensalter der Person, bei deren Tode die Nutzung oder Leistung erlischt, und wird bei einem Lebensalter derselben

von 15 Jahren oder weniger auf das 18fache
über 15 Jahre bis zu 25 Jahren auf das 17fache
- 25 - - - 35 - - - 16 -
- 35 - - - 45 - - - 14 -
- 45 - - - 55 - - - 12 -
- 55 - - - 65 - - - 8½ -
- 65 - - - 75 - - - 5 -
- 75 - - - 80 - - - 3 -
- 80 - auf das .... 2 -

des Werthes der einjährigen Nutzung beziehungsweise Leistung angenommen.

Ist jedoch die Nutzung oder Leistung schon innerhalb eines Jahres nach dem Anfalle erloschen, so wird der Werth derselben nur nach Maßgabe ihrer wirklichen Dauer bestimmt und das Zuvielgezahlte erstattet.

§. 17.

Ist die Dauer der Nutzungen oder Leistungen von der Lebenszeit mehrerer Personen dergestalt abhängig, daß beim Tode der zuerst versterbenden die Nutzung oder Leistung erlischt, so ist für die nach §. 16 vorzunehmende Werthermittelung das Lebensalter der ältesten Person maßgebend. Wenn die Nutzung oder Leistung bis zum Tode der letztversterbenden Person fortdauert, erfolgt die Berechnung nach dem Lebensalter der jüngsten Person.

§. 18.

Bei auf bestimmte Zeit eingeschränkten Nutzungen oder Leistungen ist der Kapitalwerth der gesammten

Nutzungen beziehungsweise Leistungen für den Zeitpunkt des Anfalls unter Zugrundelegung eines vierprozentigen Tabelle. Zinsfußes nach der beigefügten Hülfstabelle [folgt unten] zu ermitteln. Ist jedoch die Dauer der Nutzung oder Leistung noch außerdem durch die Lebenszeit einer oder mehrerer Personen bedingt, so darf der nach §§. 16 und 17 zu berechnende Kapitalwerth nicht überschritten werden.

§. 19.

Der einjährige Betrag der Nutzung eines Geldkapitals ist, wenn er nicht anderweitig feststeht, zu vier vom Hundert anzunehmen.

§. 20.

Den Werth aller anderen Gegenstände anzugeben, liegt den Steuerpflichtigen beziehungsweise den im §. 37 bezeichneten Verpflichteten ob. Wer der Verpflichtung zur Angabe des Werthes auf ergangene Aufforderung der Steuerbehörde nicht genügt, hat die durch amtliche Ermittelung desselben entstehenden und mit der Steuer einzuziehenden Kosten zu tragen.

§. 21.

Trägt die Steuerbehörde Bedenken, die Werthangabe (§. 20) als richtig anzunehmen, und findet eine Einigung hierüber mit den Steuerpflichtigen nicht statt, so ist die Steuerbehörde befugt, selbständig den Werth zu ermitteln und danach die Steuer zu erheben. Die Kosten der Werthsermittelung fallen dem Steuerpflichtigen zur Last, wenn der ermittelte Werth den von dem Steuerpflichtigen angegebenen Werth um mehr als 10 Prozent übersteigt. Die etwa gezahlten Kosten werden erstattet, wenn im Verwaltungswege oder im Rechtswege (§. 42) die Ermäßigung des Werthes auf einen nicht zum Kostenersatz verpflichtenden Betrag erfolgt.

§. 22.

Bedingter Erwerb.

Vermögen, dessen Erwerb von dem Eintritt einer aufschiebenden Bedingung abhängt, unterliegt der Besteuerung erst bei dem Eintritt der Bedingung. Die Steuerbehörde kann jedoch Sicherstellung der alsdann zu entrichtenden Steuer fordern. Unter einer auflösenden Bedingung erworbenes Vermögen — mit Ausnahme der Nutzungen von unbestimmter Dauer, welche lediglich nach den Bestimmungen in den §§. 15 bis 17 zu behandeln sind — ist wie unbedingt erworbenes zu versteuern. Beim Eintritt der Bedingung wird aber die gezahlte Steuer bis auf den der wirklichen Bereicherung entsprechenden Betrag erstattet.

§. 23.

Bedingte Belastung.

Den Werth der steuerpflichtigen Masse vermindernde Lasten und Leistungen werden, soweit sie vom Eintritt einer aufschiebenden Bedingung abhängen, nicht berücksichtigt. Beim Eintritt der Bedingung ist das Zuvielgezahlte von der Steuerbehörde zu erstatten.

Lasten, deren Fortdauer von einer auflösenden Bedingung abhängt — mit Ausnahme der Leistungen von unbestimmter Dauer, deren abzuziehender Werth nach den Bestimmungen in den §§. 15 bis 18 sich berechnet — werden wie unbedingte in Abzug gebracht. Beim Eintritt der Bedingung ist derjenige Steuerbetrag nachzuerheben, welcher mehr zu entrichten gewesen sein würde, wenn der Zeitpunkt des Eintritts der Bedingung bei Berechnung der Steuer bekannt gewesen wäre. Die Steuerbehörde kann Sicherstellung dieses Anspruchs fordern.

§. 24.

Die in den §§. 22 und 23 enthaltenen Bestimmungen sind gleichmäßig auch auf die von einem Ereigniß, welches nur hinsichtlich des Zeitpunktes seines Eintrittes ungewiß ist, abhängigen Erwerbungen, Lasten und Leistungen anzuwenden.

§. 25.

Unsichere Forderungen.

Unsichere Forderungen und andere zur sofortigen Werthermittelung nicht geeignete Gegenstände kommen mit einem muthmaßlichen Werthe in Rechnung, den der Steuerpflichtige in Vorschlag bringt. Findet keine Einigung statt, so kann die Steuerbehörde von dem angegebenen Werth die Steuer einziehen und die Berichtigung des Werthansatzes, sowie die entsprechende Nachforderung oder Erstattung der Steuer bis zum Ausgange derjenigen Verhandlungen vorbehalten, von welchen die Bezahlung der Forderung beziehungsweise die Werthsermittelung abhängt.

Sind bei Berechnung der Steuer ungewisse oder noch unbekannte Ansprüche an die Masse außer Berücksichtigung geblieben, so wird, wenn dieselben später zur Verwirklichung gelangen, das Zuvielgezahlte von der Steuerbehörde zurückerstattet.

§. 26.

Betrag der Lehns- und Fideikommißanfälle.

Lehns- und Fideikommißanfälle, sie mögen in Gütern oder Kapitalien bestehen, sowie Anfälle aus Familienstiftungen werden nach Maßgabe des Werths der einjährigen Nutzung und des Lebensalters des Erwerbenden nach Vorschrift des §. 16 versteuert.

§. 27.

Erwerb der Substanz ohne die Nutzung.

Ist einem Erben, Vermächtnißnehmer u. s. w. Vermögen angefallen, dessen Nutzung einem Dritten zusteht, so wird dasselbe um den nach Vorschrift der §§. 15 ff. berechneten Werth der Nutzung geringer angeschlagen, wenn der Erwerber der Substanz die Versteuerung bei dem Anfall bewirkt. Wird die Aussetzung der Versteuerung der Substanz bis zur Vereinigung der Nutzung mit der Substanz beantragt, so findet der vorstehend angeordnete Abzug nicht statt. Vielmehr erfolgt alsdann die Besteuerung nach Maßgabe der bei Beendigung der Nutznießung des Dritten obwaltenden Verhältnisse, und wenn inzwischen eine weitere Vererbung der Substanz eingetreten sein sollte, ohne Entrichtung einer Steuer für die dazwischen liegenden Anfälle dergestalt, als ob der in die Nutzung eintretende Erwerber der Substanz das Eigenthum unmittelbar von dem ursprünglichen Erblasser erworben hätte. Bei Aussetzung der Versteuerung ist die Steuer auf Verlangen der Steuerbehörde aus der Masse auf Kosten des Erwerbers der Substanz sicherzustellen.

Bei fideikommissarischen Substitutionen wird der Fiduziar als Nießbraucher und der Fideikommissar als Substanzerbe des herauszugebenden Vermögens behandelt. Ist jedoch das Fideikommiß auf dasjenige beschränkt, was beim Tode des Fiduziars noch vorhanden sein werde (quidquid supererit), so haben sowohl der Fiduziar von dem vollen Betrage des Anfalles, als der Fideikommissar von dem vollen Betrage des an ihn herausgegebenen Vermögens, nach ihrem Verwandtschaftsverhältniß zum Erblasser die Erbschaftssteuer zu entrichten.

§. 28.

Berechnung der Steuer.

Die Erbschaftssteuer wird nach dem ganzen Antheile jedes einzelnen Erwerbers eines Anfalles für diesen besonders berechnet. Haben Ehegatten in einer gemeinschaftlichen letztwilligen Verfügung Verwandte des einen oder beider Ehegatten zu Erben eingesetzt oder mit Zuwendungen bedacht, und bleibt zweifelhaft, von welchem der beiden Ehegatten der Anfall erfolgt ist, so wird angenommen, daß der Anfall von dem dem Steuerpflichtigen am nächsten verwandten Ehegatten erfolgt sei, soweit der Nachlaß des letzteren reicht. Kann der Betrag des Nachlasses des zuerst verstorbenen Ehegatten nicht ermittelt werden, so ist derselbe behufs Berechnung der Steuer auf die Hälfte des beim Tode des letztlebenden Gatten vorhandenen Vermögens anzunehmen. Bleibt jedoch nur in Betreff einzelner Vermögensgegenstände zweifelhaft, zu welchem Nachlaß sie gehören, so wird angenommen, daß dieselben zum Nachlaß jedes Ehegatten zur Hälfte gehören.

§. 29.

Haftung für die Steuer.

Die Erbschaftssteuer trifft den Erwerber des steuerpflichtigen Anfalles. Für dieselbe haftet die ganze steuerpflichtige Masse (§. 5), aus welcher auch auf Erfordern für die Versteuerung bedingter Anfälle Sicherheit bestellt werden muß (§§. 22 und 23).

Erben und Miterben sind bis auf Höhe des aus der Erbschaft Empfangenen für die von allen den Nachlaß betreffenden Anfällen zu entrichtende Erbschaftssteuer solidarisch verpflichtet.

Hinsichtlich der in diesem Gesetze den Erben und Miterben aufgelegten Verpflichtungen werden Erwerber eines Universalvermächtnisses oder eines Vermächtnisses unter einem Universaltitel den Erben und Miterben gleichgeachtet.

§. 30.

Gesetzliche Vertreter und Bevollmächtigte der Erbinteressenten, Testamentsexekutoren und Nachlaßverwalter, sowie die Verwalter von Familienstiftungen, dürfen die Erbschaft, einzelne Erbtheile, Vermächtnisse oder Schenkungen, beziehungsweise die Hebungen aus der Familienstiftung, nur nach Berichtigung oder Sicherstellung der darauf treffenden Erbschaftssteuer ausantworten und bleiben im entgegengesetzten Falle für die Steuer verhaftet.

§. 31.

Verwaltung der Steuer.

Die Verwaltung des Erbschaftssteuerwesens wird unter Leitung des Finanzministers von den Provinzialsteuerbehörden durch die Erbschaftssteuerämter geführt, welchen innerhalb der ihnen von dem Finanzminister anzuweisenden Geschäftsbezirke die Feststellung und Einziehung der zu erhebenden Erbschaftssteuerbeträge und die Aufsicht über die Beobachtung der Vorschriften dieses Gesetzes obliegt. Dieselben erhalten nach Vorschrift der betreffenden Ministerien von denjenigen, welchen die Führung der Todtenlisten obliegt, periodische Auszüge aus letzteren nach Maßgabe der für diesen Zweck anzuordnenden Formulare, ingleichen von den Gerichten beglaubigte Abschriften der eröffneten letztwilligen Verfügungen und der Todeserklärungen.

§ 32.

Anmeldung des Anfalles.

Jeder, dem ein Anfall der im §. 1 bezeichneten Art zukommt, ist verpflichtet, denselben binnen drei Monaten, nachdem er davon Kenntniß erlangt hat, dem zuständigen

Erbschaftssteueramte schriftlich anzumelden, ohne Unterschied, ob die Erwerbung des Anfalles bereits stattgefunden hat oder nicht. Ist der Verpflichtete in außereuropäischen Ländern oder Gewässern abwesend, so werden die vorstehende und die im §. 35 bestimmte zweimonatliche Frist auf sechs Monate verlängert.

Es wird vermuthet, daß spätens am dreißigsten Tage nach dem Eintritt des Anfalles der zur Anmeldung Verpflichtete, wenn er in Europa sich aufhält, Kenntniß von dem Anfall erlangt hat, vorbehaltlich des der Steuerbehörde obliegenden Beweises eines früheren und des dem Steuerpflichtigen obliegenden Beweises eines späteren Zeitpunktes.

§. 33.

Theilnehmer an einer Erbschaft, sowie die zu Hebungen aus einer Familienstiftung Berufenen werden von der Anmeldungspflicht (§. 32) befreit, wenn die ihnen zukommenden Anfälle von einer der im §. 30 bezeichneten Personen oder einem Mitberechtigten rechtzeitig angemeldet werden.

§. 34.

Der Empfang der Anmeldung ist von dem Erbschaftssteueramt auf Verlangen auf einem vorzulegenden Duplikate kosten- und stempelfrei zu bescheinigen.

§. 35.

Verzeichniß und Deklaration.

Innerhalb einer ferneren zweimonatlichen Frist nach Ablauf der Anmeldungsfrist (§. 32) muß dem zuständigen

Erbschaftssteueramte ein vollständiges und richtiges, zugleich die erforderlichen Werthangaben enthaltendes Verzeichniß (Inventarium) über die gesammte steuerpflichtige Masse und alle derselben zuzurechnende oder davon in Abzug zu bringende Gegenstände vorgelegt werden. Hiermit ist eine schriftliche Deklaration der die Festsetzung der Erbschaftssteuer bedingenden Verhältnisse zu verbinden und einzureichen.

Eine Verlängerung der Frist ist auf Antrag zu bewilligen, sofern besondere Gründe es erforderlich machen, und muß insbesondere gewährt werden, wenn der Berufene den Anfall noch nicht erworben hat und dies anzeigt.

Hinsichtlich der Einrichtung des Verzeichnisses und der Deklaration sind die nach Bedürfniß von dem Finanzminister zu erlassenden näheren Vorschriften zu beobachten.

§. 36.

Bei Erbschaften, an denen kein steuerpflichtiger Erbe Theil nimmt, sondern bei denen nur steuerpflichtige Vermächtnisse, Schenkungen u. s. w. vorkommen, kann das Verzeichniß und die Deklaration (§. 35) auf die, steuerpflichtige Anfälle betreffenden, Gegenstände und Verhältnisse beschränkt werden.

§. 37.

Die Verpflichtung zur Vorlegung des Verzeichnisses und der Deklaration liegt ob:

1) bei Erbschaften in Bezug auf alle den Nachlaß betreffenden steuerpflichtigen Anfälle, — wenn ein

Testamentsvollzieher oder Nachlaßverwalter vorhanden ist, diesem, sonst den Erben, ohne Unterschied, ob sie selbst von den ihnen zukommenden Anfällen Erbschaftssteuer zu entrichten haben oder nicht. Andere Theilnehmer (Vermächtnißnehmer u. s. w.) sind in Betreff des ihnen zukommenden Anfalles zur Vorlegung des Verzeichnisses und der Deklaration nur auf Aufforderung des Erbschaftssteueramts innerhalb der ihnen bekannt zu machenden Frist verpflichtet;

2) bei den im §. 1 unter 2 und 3 bezeichneten Anfällen — jedem Steuerpflichtigen hinsichtlich des ihm zukommenden Anfalles.

Für Bevormundete, unter Kuratel oder väterlicher Gewalt stehende oder juristische Personen und für Konkursmassen ist die vorerwähnte Verpflichtung und die Verpflichtung zur Anmeldung (§§. 32ff.) von deren gesetzlichen Vertretern zu erfüllen.

§. 38.

Fernere Ermittelungen.

Das Erbschaftssteueramt hat die Richtigkeit und Vollständigkeit der vorgelegten Verzeichnisse und Deklarationen zu prüfen und die Verpflichteten (§. 37) zur Erledigung der ihnen bekannt gemachten Erinnerungen innerhalb der zu bestimmenden Frist anzuhalten. Jeder, dem ein der Erbschaftssteuer unterworfener Anfall (§. 1) zukommt, ist zur Ertheilung der von dem Erbschaftssteueramt erforderten Auskunft über die auf den Anfall bezüglichen thatsächlichen Verhältnisse, soweit sie auf die Festsetzung der Steuer für den an ihn selbst oder an andere Theilnehmer an der Erbschaft u. s. w. gelangenden Anfall von Einfluß sein können, verpflichtet.

Auf Verlangen müssen dem Erbschaftssteueramte die den Anfall betreffenden Urkunden zur Einsicht vorgelegt werden, insbesondere letztwillige Verfügungen, Erwerbsdokumente und die Beweismittel über die von der Masse abzuziehenden Schulden und andere Ansprüche, auf Grund deren Abzüge von der Masse gemacht, oder Theile derselben ausgeschieden werden sollen.

Wird in den vorgedachten Fällen den Aufforderungen des Erbschaftssteueramts nicht genügt, so kann dasselbe die Säumigen durch Festsetzung und Einziehung von Ordnungsstrafen bis zu dem Betrage von sechszig Mark zur Befolgung seiner Anordnungen anhalten, auch das zur Erledigung derselben Nöthige auf Kosten der Säumigen beschaffen.

§. 39.

Eidesstattliche Versicherungen.

Das Erbschaftssteueramt ist berechtigt, denjenigen, welchen ein nach §. 1 der Erbschaftssteuer unterworfener Anfall zukommt, eine Versicherung an Eidesstatt über die Richtigkeit und Vollständigkeit des vorgelegten Verzeichnisses und der Deklaration oder einzelner Theile derselben (§§. 35 und 36), und der erforderten ferneren Angaben (§. 37), abzunehmen. Die eidesstattliche Versicherung ist nach näherer Bestimmung des Erbschaftssteueramts vor ihm selbst oder der deshalb requirirten Behörde schriftlich oder mündlich abzugeben.

§. 40.
Aversionalversteuerung.

Der Finanzminister ist ermächtigt, ausnahmsweise von der Vorlegung des Verzeichnisses (§. 35) auf Antrag der Steuerpflichtigen ganz oder zum Theil abzusehen und ein Aversionalquantum für die Erbschaftssteuer anzunehmen; auch die Aversionalversteuerung solcher Anfälle, deren Versteuerung sonst noch ausgesetzt bleiben müßte, zu gestatten.

Wenn ein überlebender Ehegatte mit mehreren Kindern die eheliche Gütergemeinschaft fortsetzt, so wird die Versteuerung des beim Tode eines Kindes an dessen Geschwister oder deren Deszendenten gelangenden Anfalles bis zur Auflösung der Gütergemeinschaft ausgesetzt und erfolgt nach Maßgabe des alsdann vorhandenen Vermögens.

§. 41.
Feststellung der Steuer.

Ist die Erbschaftssteuer berechnet, so ertheilt das Erbschaftssteueramt eine kosten- und stempelfreie Bescheinigung, welche den Betrag der steuerpflichtigen Masse, die einzelnen Anfälle, das Verwandtschaftsverhältniß, die Beträge der von den einzelnen Steuerpflichtigen zu entrichtenden Steuer angiebt und zugleich die Anweisung zur Entrichtung der Steuer enthält. Die Verzögerung der

Auseinandersetzung der Erben darf die Entrichtung der Steuer nicht aufhalten, soweit der Nachlaß zu deren Zahlung liquid ist.

§. 42.

Zulässigkeit des Rechtswegs.

Die Bestimmungen in den §§. 11 und 12 des Gesetzes, betreffend die Erweiterung des Rechtswegs, vom 24. Mai 1861 (Gesetz-Samml. S. 241) finden auch auf die nach Vorschrift dieses Gesetzes zu entrichtende Erbschaftssteuer Anwendung. Eines Vorbehaltes bei Zahlung der Erbschaftssteuer (§. 12 des Gesetzes vom 24. Mai 1861) bedarf es nicht.

Insoweit die gänzliche oder theilweise Erstattung der erlegten Steuer wegen eines nach deren Festsetzung eingetretenen Ereignisses verlangt werden kann, ist die Klage bei Verlust des Klagerechts binnen Jahresfrist nach dem Eintritt des Ereignisses anzubringen.

§. 43.

Strafbestimmungen.

Wer die gesetzliche Verpflichtung zur Anmeldung eines steuerpflichtigen Anfalles, oder zur Vorlegung des Verzeichnisses und der Deklaration (§. 35) innerhalb der vorgeschriebenen, beziehungsweise auf Antrag verlängerten Frist nicht erfüllt, hat die durch die amtlichen Ermittelungen entstehenden Kosten zu tragen, die in Folge seiner Säumigkeit etwa ausfallenden Steuerbeträge zu ersetzen und verfällt außerdem in eine dem doppelten

Betrage der Erbschaftssteuer von dem betreffenden Anfalle gleiche Geldstrafe, wenn aber der Betrag der Erbschaftssteuer nicht ermittelt werden kann, in eine Geldstrafe bis zu dreitausend Mark.

Ist jedoch nach den obwaltenden Umständen anzunehmen, oder kann der Angeschuldigte nachweisen, daß die rechtzeitige Erfüllung der Verpflichtung nicht in der Absicht, die Erbschaftssteuer zu hinterziehen, unterlassen sei, so tritt statt der vorgedachten Geldstrafe nur eine Ordnungsstrafe bis zu einhundertfünfzig Mark.

Diese Ordnungsstrafe kann ohne vorgängige Einleitung eines Strafverfahrens von dem zuständigen Erbschaftssteueramte bis auf Höhe von sechszig Mark durch besonderen, die Entscheidungsgründe enthaltenden Bescheid festgesetzt werden, gegen welchen dem Angeschuldigten der Rekurs oder die Berufung auf den Rechtsweg wie gegen ein Strafresolut der Steuerbehörden (§. 48) zustehen. Die Einziehung der Steuer erfolgt unabhängig von der Bestrafung.

§. 44.

Die Bestimmungen des §. 43 finden gleichmäßig Anwendung auf denjenigen, welcher wissentlich zu einem steuerpflichtigen Anfalle gehörige Gegenstände, zu deren Angabe er verpflichtet ist, verschweigt, oder über die Thatsachen, welche die Steuerpflichtigkeit, die Höhe des Steuersatzes oder des Steuerbetrages bestimmen, wissentlich unrichtige Angaben macht.

Eine Bestrafung findet jedoch nicht statt, wenn der Pflichtige auf erforderte eidesstattliche Versicherung seine

Angaben berichtigt. Auch fällt die hier vorgeschriebene Bestrafung hinweg, wenn die Täuschung mittelst Urkundenfälschung oder eidesstattlicher Versicherung unternommen ist und wegen dieser Vergehen Bestrafung eintritt.

§. 45.

Wer der Verpflichtung zur Abgabe der eidesstattlichen Versicherung auf wiederholte Aufforderung (§. 39) innerhalb der zu bestimmenden Frist nicht genügt, wird mit einer Geldstrafe von fünfundsiebenzig bis dreitausend Mark bestraft.

§. 46.*)

Wer es unterlässt, Schenkungsurkunden, deren Versteuerung über die für die Verwendung des Urkundenstempels sonst vorgeschriebene Frist hinaus

*) In den Hohenzollernschen Landen und im Kreise Herzogthum Lauenburg kommt der §. 46 nicht zur Anwendung.

Für die genannten Gebietstheile treten an dessen Stelle folgende Worte:

Jeder Aussteller einer steuerpflichtigen Schenkungsurkunde, welcher die von dem Finanzminister in Bezug auf die Entrichtung der Steuer erlassenen und gehörig bekannt gemachten Bestimmungen oder die von der zuständigen Steuerbehörde in dieser Hinsicht getroffenen und ihm besonders mitgetheilten Anordnungen unbefolgt lässt, verfällt wegen Hinterziehung der Abgabe in die Strafe des Vierfachen derselben, oder, falls ihr Betrag noch nicht feststeht, in eine Geldstrafe bis zu dreitausend Mark. An die Stelle dieser Strafe tritt eine Ordnungsstrafe bis zu einhundertundfünfzig Mark, wenn aus den Umständen hervorgeht, dass eine Hinterziehung der Abgabe nicht erfolgen konnte oder nicht beabsichtigt war.

Die Strafe kann gegen jeden Inhaber der Urkunde verfolgt werden, auf welcher sich kein Vermerk über die Entrichtung der Steuer findet, vorbehaltlich seines Rückgriffs gegen den Aussteller. Kann er indess nachweisen, dass er erst nach dem Tode des Ausstellers in den Besitz der Urkunde gelangt ist, so kann die Strafe von ihm nicht eingezogen werden.

ausgesetzt bleiben soll (§. 4 dritter Absatz), vor Ablauf dieser Frist der Steuerbehörde vorzulegen oder die von der Steuerbehörde getroffenen Anordnungen wegen nachträglicher Versteuerung der vorgelegten Urkunden unbefolgt lässt, verfällt in die Strafe des Vierfachen des später zu verwendenden Stempels, oder, falls dieser noch nicht feststeht, in eine Geldstrafe bis zu dreitausend Mark. An die Stelle dieser Strafe tritt eine Ordnungsstrafe bis zu einhundertfünfzig Mark, wenn aus den Umständen hervorgeht, dass eine Hinterziehung der Abgabe nicht erfolgen konnte oder nicht beabsichtigt war.

§. 47.

Die Umwandlung der in den §§. 43, 44, 45 und 46 bestimmten Geldstrafen, zu deren Zahlung der Verurtheilte unvermögend ist, in eine Freiheitsstrafe findet nicht statt. Auch darf zur Beitreibung von Geldstrafen ohne Zustimmung des Verurtheilten, insofern dieser ein Inländer ist, kein Grundstück subhastirt werden.

§ 48.

In Betreff des administrativen und gerichtlichen Strafverfahrens kommen — vorbehaltlich der Bestimmung im dritten Absatze des §. 43 — dieselben Vorschriften zur Anwendung, nach welchen sich das Verfahren wegen Zollvergehen bestimmt.

§. 49.

Kosten.

Die Verhandlungen in Erbschaftssteuerangelegenheiten — mit Ausnahme derjenigen in Strafprozessen, hinsichtlich deren es bei den bestehenden Vorschriften bewendet — sind kosten- und stempelfrei.

Die Steuerpflichtigen und die in den §§. 37 und 38 bezeichneten sonstigen Verpflichteten sind zur Tragung des durch die Verhandlungen mit ihnen erwachsenden Porto verbunden.

§. 50.

Verjährung.

Die Erbschaftssteuer — mit Ausnahme der bereits zur Hebung gestellten Steuerbeträge — verjährt in zehn Jahren nach Ablauf des Kalenderjahres, in welchem der steuerpflichtige Anfall erworben, oder, wenn schon amtliche, auf die Ermittelung der Steuer gerichtete Handlungen vorgenommen sind, nach Ablauf des Kalenderjahres, in welchem die letzte derartige Handlung vorgenommen ist.

Zur Hebung gestellte Steuerbeträge verjähren in vier Jahren nach Ablauf desjenigen Kalenderjahres, in welches der letzte Tag der Zahlungs- oder Stundungsfrist fällt, beziehungweise in welchem die letzte auf die Beitreibung des Rückstandes gerichtete amtliche Handlung vorgenommen ist.

Die Verjährung sichergestellter Steuerforderungen kann nicht vor Ablauf desjenigen Jahres, in welchem die Sicherheit erloschen ist, beginnen.

Die Strafverfolgung von Zuwiderhandlungen gegen die Vorschriften dieses Gesetzes verjährt in drei Jahren, die Vollstreckung der rechtskräftig dieserhalb erkannten Strafen verjährt in fünf Jahren.

Tarif,
nach welchem die Erbschaftssteuer zu erheben ist.

Allgemeine Vorschriften.

1) Die Steuer beträgt mindestens fünfzig Pfennig und steigt von fünfzig Pfennig zu fünfzig Pfennig.

2) Bei Bestimmung des Steuersatzes kann nicht auf ein Verhältniß zurückgegangen werden, welches durch richterliches Erkenntniß oder Vertrag schon vor dem Eintritt des Anfalles zu bestehen aufgehört hat, namentlich werden Anfälle, die nach erfolgter Trennung einer Ehe oder nach aufgehobener Einkindschaft eintreten, lediglich nach demjenigen Steuersatze versteuert, welcher ohne Rücksicht auf das aufgehobene Verhältniß anwendbar ist.

3) Der Steuersatz von Lehns- und Fideikommißanfällen, ingleichen von Hebungen aus Familienstiftungen (§. 1 Nr. 2 und 3 des Gesetzes) wird nach dem Verwandtschaftsverhältniß zwischen dem letzten Inhaber des Lehns oder Fideikommisses, beziehungsweise der Hebungen aus der Familienstiftung und dem Steuerpflichtigen bestimmt.

4) Zu den Deszendenten einer Frau werden auch uneheliche Kinder derselben und deren Deszendenten gerechnet.

5) Vor der Ehe geborene uneheliche Kinder einer Frau werden — außer im Falle der Legitimation durch nachfolgende Ehe — zu den Stiefkindern des Ehemannes derselben gerechnet.

6) Den legitimirten Kindern eines Mannes werden diejenigen außer der Ehe erzeugten Kinder gleichgeachtet, welche erweislich gegen denselben die Rechte ehelicher Kinder in anderer Art als durch nachfolgende Ehe erworben haben.

7) Eheliche und uneheliche Kinder derselben Mutter, ingleichen eheliche und legitimirte Kinder desselben Vaters werden als halbbürtige Geschwister angesehen.

Der Anfall wird versteuert:

A. mit Einem vom Hundert des Betrages, wenn er gelangt an Personen, welche dem Hausstande des Erblassers angehört und in demselben in einem Dienstverhältniß gestanden haben, sofern der Anfall in Pensionen, Renten oder anderen auf die Lebenszeit der Bedachten beschränkten Nutzungen besteht, die ihnen mit Rücksicht auf dem Erblasser geleistete Dienste zugewendet werden;

B. mit Zwei vom Hundert des Betrages, wenn er gelangt an:

a) adoptirte oder in Folge der Einkindschaft zur Erbschaft berufene Kinder und deren Deszendenten,

b) voll- oder halbbürtige Geschwister und deren Deszendenten;

C. mit Vier vom Hundert des Betrages, wenn er gelangt an:

a) vorstehend nicht benannte Verwandte bis einschließlich zum sechsten Grade der Verwandtschaft,

b) Stiefkinder und deren Deszendenten und Stiefeltern,

c) Schwiegerkinder und Schwiegereltern,

d) natürliche, aber von dem Erzeuger erweislich anerkannte Kinder,

e) außerdem sind mit Vier vom Hundert des Betrages zu versteuern alle Anfälle und Zuwendungen, welche ausschließlich zu wohlthätigen, gemeinnützigen oder Unterrichtszwecken bestimmt sind, insofern solche nicht einzelne Familien oder bestimmte Personen betreffen und die wirkliche Verwendung zu dem bestimmten Zwecke gesichert ist;

D. mit Acht vom Hundert des Betrages:
in allen anderen Fällen.

Befreiungen.

Von der Erbschaftssteuer befreit ist:

1) jeder Anfall, welcher den Betrag von einhundertfünfzig Mark nicht *übersteigt*, mit Ausnahme des Falles, daß lediglich in Folge des Abzuges des Werthes der einem Dritten zustehenden Nutzung

(§. 27 des Gesetzes) der Werth der Substanz sich *auf* den Betrag von einhundertfünfzig Mark vermindert,

2) jeder Anfall, welcher gelangt an:

a) Aszendenten,

b) Deszendenten, sofern dieselben aus gültigen Ehen abstammen oder legitimirt sind. Auch uneheliche Kinder haben von dem Nachlasse ihrer Mutter oder deren Aszendenten keine Erbschaftssteuer zu entrichten,

c) Ehegatten,

d) Personen, welche dem Hausstande des Erblassers angehört und in demselben in einem Dienstverhältniß gestanden haben, sofern der Anfall den Betrag von neunhundert Mark nicht übersteigt. Bei einem höheren Betrage ist die von dem ganzen Betrage zu berechnende Steuer nur soweit zu entrichten, als dieselbe aus dem die Summe von neunhundert Mark übersteigenden Betrage entnommen werden kann,

e) den Fiskus und alle öffentlichen Anstalten und Kassen, welche für Rechnung des Staates verwaltet werden oder diesen gleichgestellt sind,

f) Orts- oder Landarmenverbände zur Verwendung für Hülfsbedürftige,

g) öffentliche Armen-, Kranken-, Arbeits-, Straf- und Besserungsanstalten; ferner *öffentliche* Waisenhäuser, vom Staate genehmigte Hospitäler und andere Versorgungsanstalten, *ferner vom Staate genehmigte Vereine für die Kleinkinderbewahr-*

anstalten, sowie Stiftungen, welche als *milde* ausdrücklich anerkannt sind,

h) öffentliche Schulen und Universitäten, öffentliche Sammlungen für Kunst oder Wissenschaft,

i) Deutsche Kirchen und andere Deutsche Religionsgesellschaften, denen die Rechte juristischer Personen zustehen,

k) Kassen oder Anstalten, welche die Unterstützung der Arbeitnehmer oder Bediensteten des Erblassers, sowie der Angehörigen derselben bezwecken,

l) Insoweit noch außerdem nach den bestehenden Bestimmungen subjektive Befreiungen vom Erbschaftsstempel, beziehungsweise von der Erbschaftsabgabe bestehen, welche nach den Landesgesetzen nur gegen Entschädigung aufgehoben werden können, oder auf besonderem landesherrlich verliehenen Privilegium beruhen, finden dieselben gleichmäßig auch auf die fernerhin zu entrichtende Erbschaftssteuer Anwendung.

In den Fällen zu f, g und h erstreckt sich die Befreiung nur auf inländische Anstalten, Stiftungen, Vereine u. s. w., kann jedoch auch ausländischen Anstalten, Stiftungen, Vereinen u. s. w. gewährt werden, wenn der auswärtige Staat Preussen gegenüber die gleiche Rücksicht übt.

Tabelle

über

den gegenwärtigen Kapitalwerth einer Rente oder Nutzung im Werthe von 1 Mark auf eine bestimmte Anzahl von Jahren behufs Berechnung der davon zu entrichtenden Erbschaftssteuer.

(Zu §. 18 des Gesetzes.)

Anzahl der Jahre	Kapitalwerth		Anzahl der Jahre	Kapitalwerth	
	M.	Pf.		M.	Pf.
1	1	0,0	22	15	02,9
2	1	96,2	23	15	45,1
3	2	88,6	24	15	85,7
4	3	77,5	25	16	24,7
5	4	63,0	26	16	62,2
6	5	45,1	27	16	98,3
7	6	24,2	28	17	33,0
8	7	00,2	29	17	66,3
9	7	73,3	30	17	98,4
10	8	43,5	31	18	29,0
11	9	11,1	32	18	58,9
12	9	76,0	33	18	87,4
13	10	38,5	34	19	14,8
14	10	98,6	35	19	41,1
15	11	56,3	36	19	66,5
16	12	11,8	37	19	90,8
17	12	65,2	38	20	14,3
18	13	16,6	39	20	36,8
19	13	65,9	40	20	58,5
20	14	13,4	41	20	79,3
21	14	59,0	42	20	99,3

Tabelle

über

den gegenwärtigen Kapitalwerth einer Rente oder Nutzung im Werthe von 1 Mark auf eine bestimmte Anzahl von Jahren behufs Berechnung der davon zu entrichtenden Erbschaftssteuer.

(Zu §. 18 des Gesetzes.)

Anzahl der Jahre	Kapitalwerth M.	Kapitalwerth Pf.	Anzahl der Jahre	Kapitalwerth M.	Kapitalwerth Pf.
43	21	18,6	64	23	88,7
44	21	37,1	65	23	96,9
45	21	54,9	66	24	04,7
46	21	72,0	67	24	12,2
47	21	88,5	68	24	19,4
48	22	04,3	69	24	26,4
49	22	19,5	70	24	33,0
50	22	34,2	71	24	39,5
51	22	48,2	72	24	45,6
52	22	61,8	73	24	51,6
53	22	74,8	74	24	57,3
54	22	87,3	75	24	62,8
55	22	99,3	76	24	68,0
56	23	10,9	77	24	73,1
57	23	22,0	78	24	78,0
58	23	32,7	79	24	82,7
59	23	43,0	80	24	87,2
60	23	52,8	81	24	91,5
61	23	62,4	82	24	95,7
62	23	71,5	83	24	99,7
63	23	80,3	84 und mehr.	25	00,0

Sachregister.

(Die Zahlen bedeuten die Seiten.)

A.

B.

C.

D.

E.

F.

G.

H.

J.

K.

L.

M.

N.

O.

P.

R.

S.

T.

U.

V.

W.

Z.

Druck von Dobrzynski & Walter, Berlin S.

Druck von Dobrzynski & Walter in Berlin.

FSC
www.fsc.org
MIX
Papier | Fördert gute Waldnutzung
FSC® C083411

Kolibri 360 GmbH
Ferdinand-Jühlke-Straße 7
99095 Erfurt, Deutschland
produktsicherheit@kolibri360.de